# 死于
# 昨日世界

李静睿——著

上海三联书店

送给猫猫

愿你快快长大

愿你喜欢妈妈的书

不喜欢也没关系

妈妈永远爱你

# 也许死去,也许不醒

这本书断续写了五六年,出版前有两个待选书名,一个是《死于昨日世界》,一个是《总而言之不醒》,都是书中篇目的名字,分别写茨威格和沈从文。茨威格远离欧洲,"出于自愿和理智的思考",他和妻子紧握双手,服用镇静剂自杀身亡,在他留下的诸多著作中,有一本不那么起眼,叫《异端的权利》。沈从文则混混沌沌活到八十六岁,差一点获得诺贝尔奖,在经历了难以定义的动荡一生后,沈从文死时拥有一些本就拥有而被粗暴夺走的东西,财产,声名,尊重……诸如此类,勉强说起来,他也算死得平静。

两人的命运显而易见不同,却又有一种奇异映照,他们分别展示了两种通往尊严的路径,你也很难说哪一条更为容易。我也是在修订书稿时才发现,这十几万字中涉及的人,大都摇摆于平静和尊严之间,沈从文,茨威格,哈吉穆拉特,米沃什,加缪,马内阿,肖斯塔科维奇……我。这不是一本书评集,起码我写的时候并没有想评价什么,这是一个曾经懵懂的年轻人,在阅读他人的生活时,既有赞许又有警惕,她带着这种警惕前行,就像暗夜中的一个小小手电,照不到多远,但也许就是那么一点点光,让她避开泥潭,逃脱陷阱。人生常常太长了,长到会被际遇不断地鞭打人性,我经得起种种考验吗?未必。但我毕竟读过这些书,又留下了这些阅读的印记,知道别的人在相似境遇中如何做出选择,知道这些选择哪些通往尊严,哪些徒留悔恨。

我不那么年轻了,三十六岁,住在一套舒适的房子里,有丈夫、女儿和一只橘猫。橘猫太胖了,总跳不上露台上的书柜,它不停尝试,又不停失败,每次失败后都有点不好意思,若无其事东张西望,希望我们并没有看见。我们就总装作没有看见,私下里却暗暗笑它,有时候笑到打嗝,它如果发现了,就会愤怒地钻进床底。我总是这样,沉迷于这些不值一提的生活碎屑,卤上一个牛腱子就能高兴许久,有时候小猫心情好,愿意凑过来亲我的脸,那一刻就永远闪闪发光,黑暗中也像月亮照进水里。以前我还总说自己穷,这两年也渐渐不好意思说了。因为丈夫的支持,我在成为母亲后不到一个月就恢复写作,每天下午,我依然有四个小时完完全全属于自己。家里的露台阳光充足,种了春羽和天堂鸟,它们都长得很好,寒冬也有绿意,就像我的生活。如果生活仅仅意味着眼前这个封闭露台,可能我会感觉宁静，但更可能的是，我会在这种宁静中萎去。

反正生活不是这样的。生活里有小猫的亲吻，也有狠狠的耳光，有时候我们甚至说不清楚耳光来自哪里，只知道皮肤火辣，内心焦灼。生活也不在这本书里，它只是埋下线索，提供暗示，谁也不知道这些线索将会指向何种境地，就像哈利·波特的三强争霸赛，有些人走向了火焰杯，有些人走向了死亡，但我希望读完这本书的人会看到，死亡从来不是最坏的结局。

我在一个午后写作这篇序言，这是最后的夏日，窗外温榆河上闪动被风打碎的金色幻影，河边有一个长长绿道，伴随着大树、野花和蓬蓬野草。怀孕的时候我喜欢每天去那里散步，我甚至专门为那里写了一篇小说，关于小猫、复仇和爱情，那条路真长啊，好像一直往下走就是未来。上一次去的时候是六月，路旁开满杂色菊花，桃树上结出硬硬的小桃子。天太热了，小朋友满身是汗，紧紧攥住一朵黄色雏菊，我们互相说，天凉一点再来吧，那时候桃子就熟了。但几天前我们再去，一时间不知道眼前是哪里，绿道上堆满砍掉的树，半人高的野草被连根拔起，就那么枯萎在原地，桃子经过几次大雨，再也没有剩下几个，剩下的那些也大都烂在树上，倒是还有一些开到尽头的野花，让这一切更显凄凉。路过的人告诉我们，这里要修路了，那就是说，连眼前残余的这些，也都将会很快逝去。

这里的生活就是这样，好像什么都会瞬间逝去，写作这本书让我越来越清晰地看到这点，变动是一种必然，有些来自外力,有些来自内心。六年前,我写下这本书的第一篇文章,关于王小波的阴阳两界,到现在我还很喜欢小波在《绿毛水怪》中说"我们好像在池塘的水底,从一个月亮走向另一个月亮"。我也不知道未知的变动到底对我意味着什么,也许是死去,也许是不醒,到那个时候,我会想象自己只是在池塘的水底,从一个月亮,走向另一个月亮。

李静睿

2018 年 8 月 21 日

目 录

**既有爱也有污秽凄苦**

通往革命之路 / 003

爱情博物馆 / 010

爱:不懂地理,不识边界 / 018

质数的无休止纵欲 / 023

真理金字塔与小城人生 / 029

繁花开尽愁满天涯 / 035

人生是一栋闹鬼的房子 / 041

哈利·波特:旅程结束了 / 047

为塞林格:既有爱也有污秽凄苦 / 054

野草仍在歌唱 / 061

两个女孩,两种自由 / 067

英雄是那些注定失败的人 / 077

## 格格不入与最后的天空

从水晶宫到地下室 / 085

死于昨日世界 / 091

一九二九,或者其他年份 / 097

加缪属于夏天 / 104

耶路撒冷的艾希曼:一个守法者 / 111

我将永远不会忘记那个夜晚 / 120

凯尔泰斯和我们的无命运人生 / 127

摇摆的记忆 / 134

你今天吃了"穆尔提-丙"药丸吗? / 140

诺曼·马内阿:每个阵营的局外人 / 146

恐惧是灯笼里的一个屁 / 160

萨义德:格格不入与最后的天空 / 167

最好的结局是契诃夫式的结局 / 173

**总而言之不醒**

罪,却不一定罚 / 181

笑一笑吧不用带着泪 / 187

谁会杀死那个孩子 / 193

沈从文的后半生:总而言之不醒 / 198

小波和王二:一个自由主义者的阴阳两界 / 205

春天十个海子没有复活 / 217

何伟之后 / 222

不重要的叙述 / 228

不要回答不要回答 / 236

使女的故事和不仅如此 / 242

肖斯塔科维奇:见证与噪音 / 248

代后记　读书:孤独及其所创造的 / 267

既有爱

也有污秽凄苦

人战胜了一切,
毁灭了成百万的草芥,
而这一棵却依然不屈服。

# 通往革命之路

从东京到日光需要两个小时,我们在最后一分钟赶上火车,等到收拾妥当,已经出了市区。季节很尴尬,红叶几乎掉光了,却没有开始下雪,以盖住那些颓唐枯黄的田野。列车疾速经过一切,间或有房子前堆满木材,再间或出现一条并不宽阔的河。就是这样,比中国的乡村干净很多,但也就是这样。旅程枯燥,又正在训练自己少用手机,把 kindle 里的书浏览一遍后,我选了理查德·耶茨(Richards Yates)的《革命之路》(*Revolutionary Road*),没什么特别原因,我记得它不是很长。

和大家一样,几年前我先看了电影,再读了书。那时候我还没有结婚,这件事根本没有一点影子,我一个人住在自己的郊区房子里,坐漫长地铁进城,应付繁重工作,拿一份不怎么满意却也不能说太差的薪水,偶尔约会——和那些对我表达好感，但其实也没有什么了不得好感的人。约会大都无聊，六点开始的晚饭，要点过量的菜才能撑到八点，如果饭后去吃甜品，能再撑半个小时。无论如何，九点总要回家了，坐地铁或者公交。为了不让约会显得更糟，我总选地铁或者公交站附近的餐馆。

有一次约会对象不知道怎么回事，给我买了一束花，一束那种在路边花店胡乱搭起来的花，几朵百合、几朵玫瑰、几朵康乃馨、几枝满天星和情人草，紫色撒银粉的包装纸，我突然——鬼知道我又是怎么回事——发了火，实实在在发火，理由是拿着这束花，我必须得打车回家，而我根本不想打车。这当然不是真正的理由，就像《革命之路》里有个疯子，一语戳破弗兰克为什么不再想去巴黎：钱总是可以解释所有的问题，但不是真正的原因，从来不是。

那个无辜的人，一个我从来没有搞清楚做什么的理科男，站在路边忍受我发完火后，替我招手打到了出租车。后来我们断了联系，又过了几年，他忽然在微信里冒出来。他结了婚，当然。生了孩子，当然。我们心平气和地聊天，他换了工作（再一次地，我没有搞清楚），问我为什么没有生孩子。我熟练地躲过这个话题，但我也不觉烦躁，六七年过去，我不再挥霍他人的善意和热情，因为我手里余留的已经很少。我想过为那次荒谬的发火道歉，但道歉似乎只会让这件事更加荒谬，我渐渐明白，当时的怒意在于他戳破了我想盖住的东西，我用诸多无聊空虚的举动——比如那场约会，比如所有约会——去掩饰生活本身的无聊空虚，但那束乱糟糟的花太庞大了，我不可能抱着它走进地铁，然后假装这让我感到幸福。就是这样。后来我花更多时间待在家里，因为我出去过，知道那只是一次又一次地"就是这样"。

大概就在那段时间里，我看了《革命之路》。开始并没什么感到意外的情节，弗兰克和爱波先相爱，后结婚（恋爱起初是愉快的，一半原因是它像婚姻；婚姻起初是愉快的，一半原因是它像偷情），爱波意外怀孕，就此开始，弗兰克的生活由一连串他不想做的事情组成：无聊至极的工作，为了证明自己跟任何一个有家的男人一样可以负起责任；市区公寓，为了证明自己信奉有序的生活；第二个孩子，为了证明第一个不是个错误；郊区房子，因为一般人的生活轨迹下一步都这么做。像一条河被限定了流向，生活一路流动，抵达枯燥、乏味和难以忍受，他们确信自己和周围的人不同，但事实上并没有任何不同，在一次激烈争吵后，爱波说：我们应该去巴黎。

正读到这里，火车到了日光站，我们在一家小店里吃了鳗鱼饭，坐在户外等待宾馆的接驳车，我们不怎么说话，却也觉得旅行开心。第一次看完《革命之路》后不久，在某次难得的社交中，我认识了一个人，我们结了婚，一切都发生得非常迅速。婚姻生活和我的想象不一样——比想象要好很多，为了逃避失望，我习惯于凡事都想得很糟。我卖掉自己的房子，住进他的。因为卖房子的钱，我突然可以辞掉工作，做以前我认为自己真正想做的事情：写作。我们二十四小时加二十四小时在一起，大部分时候各自对着电脑或书，睡前讨论那些完全无用的事情，文学，历史，法学，思想。我以前不泡论坛，很少有真正因志趣相识的朋友，我的朋友大都因袭于某种关系，同学，同事，来北京后有一个和这些关系无关的好友，最早还是因为我们住在同一个小区。婚姻像你交了一个事事交流的挚友，又恰好解决了爱情问题——爱情当然是个问题，从来都是，而我们都不想再为这件事投注心力，婚姻必然也会带来很多问题，但在当下，它摁住了名为爱情这个。

宾馆的车到了，一辆小中巴，载着客人们往山上走。开始我以为会很快，谁知道开了五十分钟。边上的人睡着了，我则因为一直拿不准什么时候能到，就没有接着往下读书。山景不美，中间司机停了一下车，用日语夹杂英语，示意大家下车看看。我下车看了看，对着一片光秃山坡，不明白到底应该看什么，却还是和大家一起拍了照。车又继续往上去，路边渐渐有未化残雪，湖开始出现，我们的房间和湖面之间，隔着一片树林，灰色树干，因为没有叶子显得稀疏。房间外有一个木地板搭成的小平台，摆放桌椅，我走出来拍了两张照，后来再也没有出去过。山上很冷，透过落地窗，能看见夕阳在湖面上闪出金光，不过下午四点，已经是夕阳，在可见范围内，甚至看不到一只鸟。我们互相调侃，在日本小说中，偷情的男女会来这样的地方，做爱，自杀，留下遗书，叹息"生而为人，我很抱歉"。但我们是夫妻，而晚饭六点才开始，中间的两个小时会显得很长。

我继续读《革命之路》。当年真正让我震动的情节渐次出现：在短暂的兴奋期之后，弗兰克开始动摇，他意外得到一份工作邀约，每年能多三千美元，在1955年，这是一笔不错的数字——当然又回到前面，钱解释了他当下的问题，却不是真正的原因。爱波说，等到了巴黎，让我去工作，你可以读书和思考。思考什么？思考你真正想做的事情。

问题就在这里，弗兰克知道他不喜欢做什么，却不知道他到底喜欢做什么。以往有家庭隔在他和"理想"之间，他心安理得藏身于后，抱怨现实，哀叹命运，像我们每个人都正在做的那样。但等到了巴黎，他将失去理由，他得直面理想，直到发现，自己没有理想。巴黎又不会魔法，并不能从虚空中变出什么，它只是撕去遮蔽，袒露虚空。

大概有三年的时间，我固定写一两个专栏，以挣到最基本的生活费用，不是真的缺这笔钱，而是不大能接受自己过了三十岁收入为零。写专栏容易让人厌倦，我又写不成 E. B. 怀特，我在专栏的间隙写小说，幸福感在对比之下产生，就像以前我在工作间歇写博客，一篇篇写出来时，我觉得自己还有可能去到更远的地方，去巴黎。我写了一些小说，不够好，但有进步。2015年初我在酝酿一部新长篇，查阅资料和核对细节非常耗时，焦灼中我想，要是突然能挣到一两年的钱就好了,我要专心把它写出来。到了八月,在一种完全混乱的状况下,我卖掉一个小说的电影版权,那笔钱不多不少正好够我花一两年——就像弗兰克突然中了免费机票去巴黎——现在没有任何事情隔在我和理想之间。我专心致志写了三个月,却前所未有地感到焦虑、挫败和自我怀疑,所以我又转过头来写专栏,就是现在这篇。不掺杂质的理想是一件不掺杂质的羊绒大衣,以前我买不起,刚穿上时我觉得暖,后来却发现一直穿着也会烦热难当,但我付了很高的价钱,无法丢弃。

我们吃了一套复杂的料理:刺身,牛肉,当季渍物,以及一些不知道什么东西。饭后在半露天的浴缸里泡澡,近两千块的房费,似乎就是为了泡这个澡,楼下有更好的露天温泉,但对我们来说,温泉和热水没有区别。空气清澈冷冽,顶上却没有星,白雾氤氲。有小动物在十米外的树林里穿过,我觉得是一只小鹿,他觉得是一只野猪,我们为这件事争论了很久,我们为种种无聊的事情争论很久,并且在这种争论中感到幸福。不浓厚,但你不能说不幸福,只是幸福之后,你还是得面对人生的其他部分。《革命之路》中他们觉得人生的空洞起于婚姻,但我清晰地知道,哪怕婚姻没有空洞,也自有别的空洞在路上等着你,事业、身体、自我、人和人交往时不可逃避的痛楚、内心原因不明的黑暗……这一个洞和那一个洞并无区别,人生必然通往革命之路,没有人可以逃离。

在书的结尾,爱波意识到,"如果一个人想要做一件真正忠于自己内心的事情,那么往往只能一个人独自去做"。她这么做了,在一个药店里买了简易橡胶吸管,再烧几锅开水,准备好一叠新毛巾。她打算自己堕胎,吸出孩子,最后她死于大出血。死之前她非常小心,几乎没有在家里留下血迹,不管是不是快乐,作为家庭主妇,爱波一直到死,都没有什么可以被人挑剔。

这本书叫《革命之路》的原因是他们住在革命山庄,一个典型的美国中产社区,位于康涅狄格州,弗兰克每天开车再转火车,去纽约上班。爱波死去的那个晚上,弗兰克在革命山庄的街道上奔跑,他离开大路,穿过某家后院来到陡峭的林地,并走下斜坡抵达革命之路。刚刚发生了一场悲剧,"悲剧并不适合发生在革命山庄。这个宁静、温馨、阳光灿烂的郊区可以满足居民的任何生活需求,但并不准备去接纳一场悲剧"。后来,后来弗兰克就搬走了,而我在第二天回到东京,继续写那个折磨我的长篇,在确认了生命是一场悲剧,而我只能独自迎接它之后,我发现自己可以写下去。

**参考书目**

[美]理查德·耶茨著,侯小翊译:《革命之路》,上海译文出版社,2014年。

# 爱情博物馆

整整一个冬天，我都在重读爱情小说：《安娜·卡列尼娜》《傲慢与偏见》《纯真博物馆》，村上春树最重要的几部长篇和几乎所有张爱玲。冬日漫长，霾锁北京，好友失踪，万事忧愁，我靠这些故事才等到了春天。小说只要写得足够长，总逃不开有一些章节关于爱情，但它们并不能都称之为爱情小说，爱情是文学与生命的盐，要如何享受滋味，却又不脱水而亡，对小说家和每个人来说，都是一场前路茫茫的冒险。

张爱玲的《少帅》没有写完，这部以张学良和赵四小姐为原型的作品，既是张爱玲为《小团圆》做的试探演习，又是她过去作品的重重投影。书里少帅去了河南前线，周四小姐和朋友过中秋节，她思念他，"两人走在电车铁轨上，直到一辆电车冲她们直压过来，整座房子一样大，当当响着铃，听上去仿佛是'我找到的人最好，最好，最好，最好'"。完全赤裸，简直是被几十年前《半生缘》里的曼桢附身，曼桢也是这么个脾气，"一样东西一旦属于她了，她总是越看越好，以为它是世界上最好的"。曼桢对住世钧，周四小姐对住少帅，当一个人对另一个人的爱成为狂热，连张爱玲都好像结巴词穷，只能用上庸俗的副词形容词：最好！最好！最好！

张爱玲年轻的时候写《倾城之恋》，一座城市沦亡，成千上万的人死去，都是为了成全白流苏，让她和本来只肯在深夜电话里说"我爱你"的范柳原，终成一对平凡夫妻。《少帅》里有大段文字谈论政局——谈论的方式依然是张爱玲式的，"辛亥革命时大多数人都不知道发生什么事。可是到民国十三年，他们真的想要共和了。好比女人刚结婚的时候并不懂得怎么回事，后来才喜欢"——但再错综复杂的政局，也只是二人爱情漫不经心的背景，在没有写出的部分，西安事变后少帅被囚禁终生，国共两党的处境开始微妙变化，国家命运由此拐了一个意味深长的弯，这一切在张爱玲那里，也只是为了成全两个本没那么笃定相爱的人。

最后到了《小团圆》，作者选择背景板的胃口越来越大。二次世界大战快打完了，九莉说，"嗳哟，希望它永远打下去"，连邵之雍都沉下脸，"死这么许多人，要它永远打下去？"但没有办法，她也不觉得良心不安，整个成年生活都在二次大战内，有战争才有她和邵之雍的相遇，她想和他在一起，就恐惧有哪怕一点点变化。战争最好继续，而且只能是这一场战争，当世界跳转为另外一场戏，她不确定自己在对方世界里是否还有充足戏份。后来的故事我们都知道，二战结束，内战开始，胡兰成（邵之雍）在武汉有了小周，在浙江又有了范秀美，张爱玲居然"千山万水的找了去，在昏黄的油灯影里重逢"。她让胡兰成选择，胡兰成说："我待你，天上地上，无有得比较，若选择，不但于你是委屈，亦对不起小周。人世迢迢如岁月，但是无嫌猜，按不上取舍的话。"还是没有办法，这就是她爱上的人，青天白日之下，有一种坦荡荡的无耻，说是惹人恨，倒不如说是惹人笑。

九莉大概会因此怀念战争，因为当背景坍塌，他们的故事也随之坍塌，《小团圆》后面写九莉在公交车上被男人侮辱，因为"汉奸妻，人人可戏"，但对于她而言，爱情不是入党，求的不是正确，而是爱意。张爱玲的小说就是如此，在她大部分作品中，男女主角过一种被X光猛烈照射的人生，冷酷通透，她写人世与人心的烈烈火焰，是为了写随之而来的一盆冷水，而且永远会有一盆冷水。但她也写了那么一些故事，就像世钧说别人的事情从来不使他联想到他和曼桢，"他相信他和曼桢的事情跟别人的都不一样。跟他自己一生中发生过的一切事情也都不一样"，世界是这样没有退路，轰隆隆一路向前，张爱玲却让白流苏们停留原地，专心致志，沉迷恋爱。

没有多少一流作家愿意像张爱玲这样写爱情，人类有太多主题值得书写，战争、历史、英雄、幻想、人心……书写爱情的人，也大都更着力于其自身的败坏与破灭，好像不如此就难以证明深刻。比如连张爱玲也喜欢的托尔斯泰，以赛亚·伯林（Isaiah Berlin）在《个人印象》（*Personal Impressions*）中写过，阿赫玛托娃认为托尔斯泰的作品和他的人一样自私，沉浸于家庭幸福时，写了以妻子索尼娅为原型的娜塔莎，索尼娅十八岁嫁给托尔斯泰，一共生了十三个孩子，所以在《战争与和平》的最后，娜塔莎发胖臃肿，成为一个庸常的家庭妇女。后来托尔斯泰不爱甚至厌恶自己的妻子，像很多已婚多年的男人，他又写了《安娜·卡列尼娜》，虽然他对安娜自有怜爱和同情，但出轨的安娜还是只能死于铁轨之上（这一安排可能是因为索尼娅曾在五十二岁时老房子着火，爱上年轻的作曲家）。和《战争与和平》一样，《安娜·卡列尼娜》书写的主题并没有什么特别之处，渥伦斯基的凉薄也只是一种平均状态下的凉薄，在得到安娜之后，他的想法残酷而诚实，认为与从莫斯科一路跟踪她的时候相比，自己现在离幸福反而更远，"当时他认为自己很不幸，但是幸福就在前面；现在他却觉得最大的幸福已经过去了。她已经完全不像他最初所见到的那个女人了。她在精神上和肉体上都今非昔比了"。然后，渥伦斯基补上了最后一枪，"她整个身体变宽了"。

张爱玲几次谈到过托尔斯泰，认为《战争与和平》是作品战胜了作家，细节战胜了主题，她认为这就是现代文学作品和过去不同的地方，"不再那么强调主题，却是让故事自身给它所能给的,而让读者取得他所能取得的"。《安娜·卡列尼娜》中列文的生活被作为安娜的参照系,代表托尔斯泰自身的理想,但托尔斯泰也并没有逃避当理想生活进入现实世界时,必然遭遇的那些词语:失望,厌倦,疑惑,破灭。在这本书开头,列文忐忑不安地来到莫斯科,想向凯蒂求婚,他在溜冰场遇到她,"不敢老盯着她,就像不能长时间地望着太阳,但即使不望她也能像看见阳光一样看到她"。后来他们历尽坎坷,终于进入婚姻,他爱她,却还是不能完全抵抗安娜对自己的吸引,而开篇时的完美少女凯蒂,也会说出"你准是喜欢上这个贱女人"这样的粗俗话语。再后来,他们有了孩子,在见到孩子的第一眼时,列文千方百计想激起自己作为父亲对儿子的感情,可是不行,他对儿子只觉厌恶。但这又怎么样呢?他们依然是幸福家庭,过着圣洁的生活。托尔斯泰一生都在信仰问题上徘徊不定,他的书里也满是稀里糊涂难以概述的情感细节,他靠这些细节而不朽,虽然他并没有书写不朽的爱情。

村上春树是当下作家里少有的试图书写不朽爱情的人。《没有女人的男人们》出版后,宣传语是"返回原点之作",但村上春树其实一直没有偏离过原点,他仿佛永不知疲倦,一直着迷于人类可能的情感沉沦,哪怕这种沉沦在当下显得如此不合时宜。书里有一篇《独立器官》,写五十二岁的单身男性渡会,多年来过着游刃有余的情感生活,他的同性恋助手井然有序地替他安排好约会,甚至记得他每个情人的生理期。但毫无征兆地，渡会恋爱了，爱上一个已婚女性，爱情强烈而让他陌生，"现在我感觉到，她的那颗心和我的这颗心，好像被什么东西紧紧地拴在一起了。她的那颗心一跳动，我的这颗心也随之被拉紧。就像用缆绳拴住的两艘小船一样。即便想要砍断缆绳，但到处都觅不到能砍断缆绳的刀具。这是从未体验过的感情，它令我不安"。

情节进展迅速，女人突然失踪，几经侦查，才知道她在丈夫和渡会之外，另有情人，她和他私奔了。这件事摧垮了渡会，他不再吃饭、运动和修饰自己，他死于自我放弃的几个月后。《独立器官》的名字来自渡会说，女人有一个独立的器官，可以编造谎言，而他，也是在独立器官的控制之下恋爱，"这是本人意志无法左右的他律作用……心灵会受到迷惑，看到美丽的幻象，时而还会被逼迫至死，如果没有那样的器官介入，我们人生会变得相当平淡无奇吧。或许就在单纯技巧的罗列中终其一生"。这就是渡会的选择，他看到美丽幻象，最终被逼迫至死，他死得痛苦，却有一种抵抗庸常的快感，他死于厌食症带来的极度饥饿，我却分明看到，他是一个饱足的人。

多年以前，村上春树只有四十岁，他写了《挪威的森林》，这本书只写了三个月（《战争与和平》写了六年，《安娜·卡列尼娜》从构思到出版是七年），着急完成一本书的激情让这本书充满激情，书里绿子说："我总是感到饥渴，真想完完全全得到一次爱——哪怕仅仅一次也好——直到让我说可以了，肚子饱饱的了,多谢您的款待。一次就行,只消一次。然而他们竟一次都没满足过我。"让人高兴的是,读完这本书和村上春树大部分作品,我们吃饱了爱情。

在伊斯坦布尔那几天,我去了一次帕慕克(Orhan Pamuk)的纯真博物馆。伊斯坦布尔值得去的地方太多,我本来没有安排去这里,但沿着独立大街一路往下,躲避红色小电车时意外看到指向博物馆的粉笔标示,又觉得不去好像是错过命运的某种安排。博物馆狭小拥挤,灯光昏暗,一进门就看见4213个烟头组成的那面墙。我根本不喜欢《纯真博物馆》(*The Museum of Innocence*),觉得帕慕克用六年时间反复修改出一部糟糕的作品,但三十分钟后,我爱上了它衍生出来的这座博物馆。

这栋四层小楼里藏下了凯末尔爱情的每一点证据,蝴蝶耳坠、黄色裙子、小狗摆设、玻璃茶杯、雪佛兰生锈的残骸……《纯真博物馆》厚达五百页,大部分写爱情对人生的无穷无尽折磨,在开篇大概五十页的激情(偷情)之后,富二代凯末尔和门当户对的女人订婚,出身贫寒的芙颂心碎失踪一年,再次出现时已经结婚。退婚的凯末尔发誓一定要追回爱人,他恬不知耻,以远房亲戚的身份每天去芙颂家里做客,和她的父母亲心知肚明面面相觑,佯作镇定,坐成一排看电视。为了接近芙颂,他甚至自愿当冤大头,资助她丈夫——一个土耳其文艺男青年——拍过不了审查的文艺电影。这种诡异生活持续了七年,

"其间一共是2864天，409个星期，去了他们家1593次"，好不容易苦尽甘来，芙颂终于离婚，他们计划着去巴黎，然而在前往旅行的途中遇上车祸（其实是芙颂自杀）。就在我们以为这是一个惨得不能再惨的故事、流下眼泪关上书本时，凯末尔满怀爱恋地亲吻了一下芙颂的照片，然后带着胜利的喜悦说："让所有人知道，我的一生过得很幸福"。

事实如此，在爱情的博物馆里，和世钧永远失散的曼桢、晚年落魄的九莉、死于铁轨的安娜、自缢的直子、死时只有三十公斤的渡会，他们不顾羞耻，向我们这些理性的人类，展览可怕的爱情，他们有幸福的一生，我们却真的未必。

**参考书目**

张爱玲著：《小团圆》，北京十月文艺出版社，2009年。
张爱玲著，郑远涛译：《少帅》，北京十月文艺出版社，2015年。
[俄]列夫·托尔斯泰著，高惠群、石国生译：《安娜·卡列尼娜》，上海译文出版社，2006年。
[日]村上春树著，竺家荣等译：《没有女人的男人们》，上海译文出版社，2015年。
[日]村上春树著，林少华译：《挪威的森林》，上海译文出版社，2014年。
[土耳其]奥尔罕·帕慕克著，陈竹冰译：《纯真博物馆》，上海人民出版社，2010年。

## 爱：不懂地理，不识边界

玛丽·瑞瑙特（Mary Renault）在 1972 年出版了《波斯少年》(*The Persian Boy*)，这是"亚历山大三部曲"的第二部，书里借波斯少年巴勾鄂斯之口，讲述了亚历山大大帝的最后七年。他一路东行，从欧洲征服至亚洲，却痛失爱人赫菲斯提昂（瑞瑙特在另一本书《天堂之火》中专门描述了亚历山大与赫菲斯提昂的爱情故事），最终，他也让巴勾鄂斯失去了自己。即使后来韶华已逝，巴勾鄂斯还是注意保持身材，因为他不想听见别人说："那是亚历山大大帝爱过的人？不会吧。"

《波斯少年》之外，彼时的玛丽·瑞瑙特正在进入自己人生的最后十年，她和同性恋人朱莉·穆拉德（Julie Mullard）相识于 1933 年，两人从英国一同移民至南非，直至死亡，从未分开。在玛丽去世后快二十年，Curtis Brown 公司的经纪人

Gordon Wise 负责处理她的遗产，Gordon Wise 在 2013 年撰文回忆说，当时朱莉·穆拉德住在老人院中，离群索居，和文学界毫无关联，当她也离开人世，他们不得不寻找玛丽遗嘱中的下一位继承人，那是她超过一百岁的妹妹。同性恋人没有子女，难免让人感觉身后凄凉，但这正是玛丽·瑞瑙特选择的人生：她毕业于牛津大学，导师之一是"魔戒三部曲"的作者托尔金，在各种思潮云涌的二十世纪初，玛丽·瑞瑙特信奉的却是最古典的柏拉图对个人的信仰。众所周知,柏拉图终身未婚，相信唯有同性爱情才真正伟大深刻，在《会饮篇》中，柏拉图直言同性恋组成的军队将会更加强大，因为"惟有相爱的人才肯替对方去死"。亚历山大师从柏拉图的弟子亚里士多德，他的军队多少就像柏拉图的梦想，赫菲斯提昂是他的爱人，也是他的战士。

在玛丽·瑞瑙特的书中，同性之爱近乎于神圣。美国作家丹尼尔·门德尔松（Daniel Mendelsohn）曾在《纽约客》上发表长文，谈及幼时读到玛丽·瑞瑙特的小说后，他狂热地爱上了亚历山大大帝，并最终能正面自己的性取向。他和玛丽曾经一度频繁通信，但随着自己的成长渐渐疏远，一直到玛丽去世，她的朋友找到丹尼尔，他才知道玛丽一直在朋友中提到自己，并称自己为美国少年（the American boy），可见她对陷入同性之恋的少年的喜爱。曾经有学者分析，瑞瑙特之所以喜欢把故事设定于古希腊背景之下，因为她可以借此书写自己最感兴趣的那些题目：战争、和平、职业生涯、女性角色、男男女女的同性爱、双性爱。

玛丽·瑞瑙特为亚历山大立传，自然免不了书写他何以建立庞大的帝国，书里的亚历山大曾对巴勾鄂斯说："我一定要看到世界尽头，不是为了占有，甚至不是为了威名，就是为了到那里看看。"他是不肯让自己的国土稳定疆域的帝王，却又服膺于希腊精神，不希望以奴役人民在历史上留名。在马其顿，即使国王也无法对一个人下达死亡判决，这只能由全体公民做出。普鲁塔克曾在《希腊罗马名人传》里写过，亚历山大在征服波斯之后，为了使希腊人获得荣誉，写信告诉他们将要废除所有的暴政，大家可以按照本地的法律过自由的生活，亚历山大给所有人留下法律，既不冒犯各族的生活方式，也不冒犯他们的神明。

然而在玛丽·瑞瑙特的笔下，《波斯少年》终究是关于爱情，因为亚历山大的雄心永远混合着柔情。诸多史料都曾记载，亚历山大从波斯国王大流士那里获得了一只非常名贵的小箱子，他询问身边的人把什么东西放在里面最合适，他们提出的种种建议他都不以为然，最后他说，要用那只小箱子来装他收藏的荷马的《伊利亚特》。亚历山大一生都把自己视为《伊利亚特》中的英雄阿喀琉斯，赫菲斯提昂自然就是阿喀琉斯的同性爱人帕特罗克洛斯。帕特罗克洛斯代替阿喀琉斯出战阵亡，阿喀琉斯为他复仇，即使那时已有预言说他自己的死期将随复仇而来。二人合葬于特洛伊，亚历山大和赫菲斯提昂曾经前往拜谒，一同贡献祭品，后来他们二人先后病死，时间只差几个月，无人知道他们合葬于何处。

巴勾鄂斯明知赫菲斯提昂早已融入亚历山大的灵魂，深于一切肉身的记忆，而自己，不过是他发鬓上的一朵花，日落花枯时就将被抛弃，却依然深陷爱情。他曾是波斯国王大流士的男宠，接受过专门训练，知道如何以肉身取悦主人，巴勾鄂斯的技术可以将人卷入暴烈的快乐，他也让亚历山大尝试过，但亚历山大喜欢温柔胜于激情，"而那于我只是学来的技巧而已。我本应从一开始就照着心的吩咐去做，但是在他之前，没有人让我拥有自己的心"。巴勾鄂斯在史料中鲜有出现，但即使严肃如普鲁塔克，也曾提及在亚历山大的军队伤亡惨重走出沙漠后，巴勾鄂斯在歌舞竞技会上夺冠，亚历山大当众"终于搂住巴勾鄂斯，柔情地亲了他"。这就是巴勾鄂斯的爱情，他匍匐于亚历山大的脚下，并非臣服于君王，而是臣服于自己的心，他明知亚历山大另有灵魂爱人，并为此深深煎熬，却最终释然，因为这就是他爱上的人，他接受爱情的安排，如同接受不可抗拒的天命。

后人认为亚历山大沉迷于战争征服，不过是一位暴君，但瑞璐特为其辩护，说直到亚历山大死后一百多年，才有几位哲学家开始质疑战争的道德性，"在他的时代，问题不在于战争与否，而在于如何打仗"。我们当然也可以用忠诚来批评亚历山大的爱情,他被巴勾鄂斯的身体吸引,背叛了赫菲斯提昂。他始终深爱赫菲斯提昂,又愧对巴勾鄂斯。但这就是亚历山大的爱情,他从未隐瞒他的欲望,一如他从未隐瞒自己想征服世界。亚历山大曾对巴勾鄂斯说:"我的爱你会一直有,这是我神圣的承诺。"亚历山大死前十几天据说未发一言,巴勾鄂斯靠近他悄然说:"我爱你,亚历山大。"在此之前,嫉妒甚至让巴勾鄂斯试图毒杀赫菲斯提昂,但在那一刻,巴勾鄂斯想,不管他的心接受了谁的吻,没关系,照他的心愿就好。

瑞瑙特的"亚历山大三部曲"庞大恢宏,《波斯少年》却总让我想到卡波特(Truman Capote)那本缠绵悱恻的《别的声音,别的房间》(*Other Voices, Other Rooms*),这是卡波特隐秘的自传,他也是公开的同性恋作家,书里他说:"头脑可以接受劝告,但是心却不能,而爱,因为不懂地理,所以不识边界。"这句话最后被刻在了纽约长岛的卡波特纪念碑上,我想,巴勾鄂斯会喜欢它,他的心正是如此。

**参考书目**

[英]玛丽·瑞瑙特著,郑远涛译:《波斯少年》,上海人民出版社,2010年。
[英]玛丽·瑞瑙特著,郑远涛译:《天堂之火》,上海人民出版社,2015年。
[英]玛丽·瑞瑙特著,郑远涛译:《葬礼竞技会》,上海人民出版社,2016年。
[古希腊]普鲁塔克著,席代岳译:《希腊罗马名人传》,吉林出版集团有限责任公司,2011年。

# 质数的无休止纵欲

电影《模仿游戏》(The Imitation Game) 改编自安德鲁·霍奇斯（Andrew Hodges）的《艾伦·图灵传：如谜的解谜者》(Alan Turing: The Enigma)，一个数学家为另一个数学家所写的传记，两个人都是天才，两个人都是gay。

电影看完之后好几天，我都没法从那种说不清是生理还是心理的不适中走出来，《模仿游戏》的片尾字幕清清楚楚写着图灵对人类的贡献："历史学家认为英格玛密码的破解使二战至少缩短了两年，拯救了一千四百万人的生命。"但战后不到十年，仅仅因为同性恋者的身份，图灵就被指控犯有"明显的猥亵和性颠倒行为"罪，被迫接受化学阉割治疗，最后在屈辱挫败中吞下浸透氰化物的毒苹果（由于苹果没有被化验，这一点事后没能完全确认），他死于四十一岁。

在充斥着大屠杀、大清洗和大饥荒的二十世纪，图灵的死很难在残酷与残酷的竞争中脱颖而出。有什么大不了的呢？没有进毒气室洗澡，没有当众被斩首脑袋咕噜落地，没有吃过观音土饿成一张皮。不过是被注射了雌性荷尔蒙，不过是影响大脑思考，长出乳房。没有人要图灵死，但他只能一死。这个故事带给我最大的痛苦在于，它发生于二十世纪后半叶的英国，一个我以为早已经进入文明时代的国家，一个一百年前约翰·密尔就写出《论自由》的国家。自 1885 年英国刑法修正案将男性间性行为定义为犯罪后，一直到 1967 年，大约有 49000 名同性恋者依照英国法律被判有罪，这份漫长名单中包括王尔德，他入狱两年，出狱当晚便前往法国，从此再没有回到故土，他为情人道格拉斯写过一首诗名为《赞美羞耻》："……我是羞耻，与爱同行……"

图灵喜欢王尔德，在二战中的一封信里，他引用了王尔德的诗："人必毁灭他之所爱，且看他们不同手段……懦夫献上轻轻一吻，勇者挥出锋利的剑！"图灵的剑就是如此，他以死亡换取尊严，在死亡中他袒露自己真正的内心：一个彻底的个人主义者。谁能说他不是一个勇敢的人？众生昏迷了几十年，一直到 2009 年，英国首相布朗才对图灵案发表致歉声明，说"我们错了"。2013 年，伊丽莎白女王为图灵赦免，以此表达对他前所未有的贡献的敬意。

但这又怎样？图灵不见得需要来自权力的傲慢歉意。逮捕他的警察后来说："他是一个真正的异端……他真的相信他的行为无罪。"被审讯的时候，图灵认真地向警察们指出，英国皇家委员会理应"将它（同性恋）合法化"；写给弟弟的信里，他也提到自己将要进行无罪辩护。在法庭上，和他一起在二战中为破解德军密码立下汗马功劳的休·亚历山大说，希望法庭释放图灵，因为他是英国国宝级科学家，曾获得大英帝国勋章。但我不认为图灵会喜欢这样的辩护方式，就像安德鲁·霍奇斯在图灵诞辰一百周年时所写的纪念文章："必须成为一个伟大的人，才能被赦免身为同性恋的罪孽吗？如果是这样，那多伟大才够资格？"我想图灵会说，我的无罪基于我本就无罪，和我是否伟大没有任何关系。何况在当时，没有多少英国人意识到他们失去了一个怎样伟大的人，对他案件的报道远远多于他的死亡，因为人们关心他人的私生活细节多过于关心他人的命运。

如果认真读完《艾伦·图灵传》，那种被电影敲打了两个半小时的痛苦会稍得缓解，因为图灵还有数学，这是他手中谁也夺不走的东西。被逮捕当天，他还在伦敦参加比率俱乐部的研讨会，并在会上大谈形态学，他稍后向出版社提交了关于黎曼函数计算的论文，并且计划在入狱之前解决曼彻斯特原型机实验的问题。图灵之所以在法庭提供的入狱和化学阉割两种惩罚方式中选择了后者，也是因为他想继续自己的工作。霍奇斯在书中把图灵和奥威尔加以比较："在他们的头颅中，都有那么几立方厘米，是真正属于自己的，而且要不惜一切代价，抵御外部世界的入侵。"几年前有一本书叫《牛津迷案》，书中接连出现了那些人类数学史上不可忽视的人物：毕达哥拉斯、费马、谷山丰、志村五郎、最终证明费马大定理的怀尔斯、图灵。书中有个魔术师说，数学和魔法系出同根，相当长的一段时间内保守着同一个秘密。图灵选择一死，很大可能是因为他不能忍受化学阉割后自己创造能力的骤然减退。不能使出Expelliarmus（除你武器咒）后，孤独的哈利·波特就不再留恋麻瓜世界。

2015年《纽约客》有篇长文写数学家张益唐，他关于孪生质数的论文2013年5月被《数学年刊》（*Annals of Mathematics*）采纳，在数学界引发震动，但在此之前，没人知道他的名字，他已年近六十——一个对数学家来说几乎不可能再有任何成就的年龄。我对数学一无所知，但我在美国见过张益唐两次，我们有共同的好友，一次偶然的机会，他被带到我们在纽约临时的家中。房间简陋，我去华人超市买了一大包洽洽香瓜子，一堆人围着一张大木桌嗑了半天瓜子，喝二十美元一两的铁观音。

见面前我偷偷搜索过他的名字，知道他博士毕业后多年找不到正式教职，最困窘的时候在Subway打工，给中餐馆送外卖，写出那篇论文时他不过是一个不知名大学的临时讲师。但我们没有聊到这些，我们聊陀思妥耶夫斯基和肖邦，聊他如何在一个朋友家中barbecue时想到论文的关键思路。他跟我说，那篇论文有56页，全世界能顺畅看懂的人可能也就十个左右，语气平淡，却难掩骄傲。我努力从自己贫瘠的知识结构中搜寻出菲尔兹奖（Fields Medal，国际杰出数学发现奖），问他"你有可能得这个奖吗？"他说，哦，不行，我太老了，菲尔兹奖只给四十岁以下的数学家。后来我们回了国，我断续看到他的新闻，正式成为教授，当选"中研院"数理科学组院士，获得柯尔数论奖和麦克阿瑟天才奖。我为他高兴，却好像也不觉得这些荣誉有多么了不起，我见到的那个张益唐，并不是靠它们构筑自己的生命，宗教大法官和小夜曲带给他的力量，也许会高于麦克阿瑟天才奖。

我想到那个中午，纽约正是初夏，我们走一条长长的下坡路去吃台湾菜，经过那些开满粉红花朵的树。在喝猪肝汤的间隙，他跟我说，自己一直过得挺好。我相信他的话，虽然孤独的质数只能被"一"和自身整除，但他们另有一个完整的宇宙，万事万物不过围绕着他们醉心于创造的灵魂。福楼拜在信中说过一句话："承受人生的唯一方式是沉溺于文学，如同无休止的纵欲。"就是如此，有些质数沉溺于文学，有些质数沉溺于数论，对他们来说，试图创造的人生，本就是一场快乐的无休止纵欲。

梵高反复画过自己生活的小镇阿尔勒，今天它早已因他获得盛名。然而当年梵高在这里收获的只是驱逐，没有爱，没有尊重，孩子们在街头追逐他，用石头打他，在潦倒不堪的一生中，他只卖出了一幅画。忘记在哪里看到过，父亲问他，万一永远都画不好怎么办？他说："我只能冒险。"我多次去 MoMA 看梵高那幅《星月夜》，但从来没有真正看清楚过，因为它面前总是围着厚厚的人群，每个人都想和它合影。梵高不可能想到会有这么一天，但不管是身前还是身后的盛名，其实都抚慰不了那些已成定局的孤独落魄。既然选择成为质数，我们只能冒险，无休止纵欲。

**参考书目**

［英］安德鲁·霍奇斯著，孙天齐译：《艾伦·图灵传：如谜的解谜者》，湖南科学技术出版社，2012 年。

［阿根廷］吉列尔莫·马丁内斯著，马科星译：《牛津迷案》，人民文学出版社，2008 年。

# 真理金字塔与小城人生

阅读有时候就像一个人在进行哈利·波特魔法世界里的三强争霸赛，前一本书不经意成为寻找后一本书的线索，但一路读到最后，很可能既没有伏地魔，也没有火焰杯。它只不过就像人生，谜题带来谜题，困境跟着困境。

这一次重读《小城畸人》（*Winesburg, Ohio*）是因为之前重读《爱与黑暗的故事》，奥兹在书中提到了这本书给他写作生涯带来的颠覆："这部朴实无华的作品，对我的撞击恍如一场反方向的哥白尼革命……舍伍德·安德森让我睁开双眼，描写周围发生的事。因他之故，我猛然意识到，写作的世界并非依赖米兰或伦敦，而是始终围绕着正在写作的那只手旋转，这只手就在你写作的地方：你身在哪里，哪里就是世界中心。"正因如此，奥兹才写出了自己的耶路撒冷——拨开种种传说与神迹，走过这座城市街头的国际知名大学者，盛夏里也穿着厚厚的毛衣毛裤，契诃夫式的人物在破败的凯里姆亚伯拉罕区生活，整条街的邻居都是博士或者教授，却找不到一个人会为大家修理水龙头。

奥兹崇拜舍伍德·安德森（Sherwood Anderson），虽然后者今天的声名已经远不如他。有一天他收到安德森出版商（诺顿）的一封信，询问他能否在安德森的小说集《林中之死》(Death in the Woods and Other Stories)的封底美言几句，奥兹说自己那种诚惶诚恐"就像一个餐馆里一个谦卑的小提琴手，突然遭到询问，问能否借他之名推广巴赫的音乐"。

舍伍德·安德森的大部分作品都已经很少再有人提起，但薄薄的《小城畸人》一直留在那里，每一次重读这本书，我都疑心自己是不是真的曾经读过它，所有的故事都被遗忘殆尽，只有那些含混不清的印象：一个落满灰尘的小城，生活着那些人生同样落满灰尘、却又不甘心于这些灰尘的人们，老师、医生、牧师、记者、农民。书里有个女人，结婚后一个人驾马车兜风，那天天色阴霾，渐渐开始下雨，她不知道为什么越来越激烈地鞭打马儿："我要以骇人的速度飞驰，永远向前飞驰，飞驰。我要摆脱城市，摆脱我的衣服，摆脱我的婚姻，摆脱我的身体，摆脱一切……我要奔离一切，可是我也要奔向某种东西。"然而她并没有奔离一切，她在渴望逃脱的生活里继续生活了多年，最后死在一个早春，死之前全身瘫痪了六天，唯一能动的是她的眼睛。安德森后来说过："人类生活缺乏一定的形式，它是由许多松散的、互不相联的因素构成的。"他的书也正是如此，那些看起来没头没尾却总是让人痛苦的故事，才是人生的本来面容，既乏味平淡，又复杂多变。

《小城畸人》整本书分为二十五个独立又互为背景的短篇，其中第一篇"Grotesque"可以视为整本书的总序，中译本翻成了《畸人志》，中间有句话被人反复引用并被视为这本书背后的真理："一个人一旦为自己掌握一个真理，称之为他的真理，并且努力依此真理过他的生活时，他便变成畸人，他拥抱的真理便变成虚妄。"但事实上，整本书只有少数几个故事里有这句话的影子，比如《纸团》里的里菲医生，热衷于在纸片上写下自己思想的片段，又把它们揉成纸团，然后扔掉，他孤独地在海甫纳街区巴黎绸缎布匹公司楼上他那充满霉味的诊室里，无休无止地工作，"把他亲手毁坏的东西再建立起来。他建立起小小的真理金字塔，建立成了，就把它们打倒，这样便可有真理另建别的金字塔"。

微博上的洛之秋老师专门研究英美文学，他说将grotesque 翻译成"畸人"很容易被误读，这个词在艺术史和文学史上的变迁发展非常有趣，它不仅仅是"畸"，"更是一种狂欢化的变形，背后是一种原始的生殖力信仰"。重读时我也留意到，《小城畸人》里反复出现的词语并不是 grotesque，而是 lust，情欲。安德森在书中用对情欲的渴望覆盖了一切渴望，渴望摆脱既有生活常规，渴望一成不变的节奏里出现某种"巨大而明确的变动"。但是这种变动的指向却是混沌的，就像书里的农场主杰西·本特利，是一个不合时宜、不得其所的人，"他所需求于人生者，他一向得不到，而他也不知道他所需求者为何物"。情欲的压抑代表着人生的压抑，情欲的匮乏意味着无穷无尽的孤独，《曾经沧海》里的艾丽斯·欣德曼被爱人抛弃后在一个雨夜裸奔在街头，她想跳跃、奔跑、叫喊，寻找到另一个寂寞的人，然而最后她回到家中，把脸埋在枕头里哭泣，开始竭力强迫自己勇敢地面对这一事实："许多人必须孤寂地生和死，即使在温土堡，也是一样的。"这就是小城人生的真理金字塔，由牢不可破的孤独奠基，上面一层层加之寂寞、无聊、冷漠以及困惑，像被混凝土层层浇筑，极其坚固，无法推翻。

安德森去世十五年，福克纳接受了《巴黎评论》的采访，他把安德森称为"我们这一代美国作家和将由我们的后继者继承下去的写作传统的父亲。但他还未曾得到应有的评价"。《小城畸人》出版于1919年，当即取得了很高声誉，1921年著名的文学杂志《日晷》（*The Dial*）将首个年度文学奖授予了安德森，奖金两千美元，第二年得奖的人就是艾略特。但是在这本书之后，安德森的文学地位一路下行，再没有得到同样的认可，美国文学批评界的大师莱昂内尔·特里林（Lionel Trilling）在名作《自由的想象》（*The Liberal Imagination*）中专设一篇谈论舍伍德·安德森，特里林不喜欢他，说他的书只是青少年读物，他认为安德森的书中只有一些情绪，没有视觉、声音、气味,尤其没有现实,安德森自己在文学中拥抱的真理也变成了虚妄。

特里林这篇文章写于安德森去世后,他提到自己重读安德森的书,发现比记忆中更加不喜欢。特里林对安德森的批评成为了不可抵赖的现实,人们渐渐遗忘了安德森,就像遗忘俄亥俄州的小城温士堡。另外一个文学批评家欧文·豪(Irving Howe)写过自己曾经去过一次安德森的出生地,俄亥俄小城克莱德(Clyde),这也是温士堡的原型,他试图和小城里的人们谈论安德森,但是没有人对这个话题表现出兴趣。欧文·豪说:安德森不会对这种冷漠感到吃惊,事实上,任何一个读过这本书的人,都不会感到吃惊。因为那些人正是书里所写的小城居民,他们从未改变过。

然而小城一直都在那里,在《小城畸人》之后,福克纳编筑想象的国度约克纳帕塔法,马尔克斯有了小镇马孔多和注定经受百年孤独的家族,奈保尔站立在米格尔大街上四处张望,哈金在中国北方有座小镇叫歇马亭。镇上有个男人在妻子怀孕时把自己小姨子睡了,村干部让他写检查,他写不出来,打算去做和尚,但老和尚说招人的事情他做不了主,最后他回到村里,把自己给阉了,终于一切回归应有的秩序,小城自有的铁一样的秩序。书写者们不见得有那样明晰的传承,却像阅读一样,一本书将成为另一本书的暗示,或者说一盏探灯,在另一本书上投出自己淡淡的影子。从这个意义上来说,安德森的影子无处不在,温士堡的真理金字塔将会永存。

刚开始写作时,我写了一系列发生在家乡的故事,写的时候零零散散东一篇西一篇,写完之后它们自然而然地被命名为《小城故事》。重读《小城畸人》的时候刚好这本书正式出版,同时翻动两本书的感觉是如此奇特,好像隔了一百年的时间,安德森在跟我谈论何谓真理的金字塔。把自己微不足道的作品和大师相提并论当然有些可笑,但既然世界始终围绕着我正在写作的那只手,那我也无须过于羞愧。就像我在书的自序里说的那样,写作这些故事一次次把我拽回到川南一座小城的灰色天空之下,提醒我眼前这写满平庸与失败的世界才是自己的人生。从俄亥俄州的温士堡,到我的家乡,哪里都有孤独的畸人,哪里都是小城人生。

**参考书目**

[美] 舍伍德·安德森著,吴岩译:《小城畸人》,上海译文出版社,2008 年。
[以色列] 阿摩司·奥兹著,钟志清译:《爱与黑暗的故事》,译林出版社,2007 年。

## 繁花开尽愁满天涯 *

金宇澄秃顶,头发略油,黑色皮夹克,黑色高领毛衣,差点没脖子,一看就不是自己的男主角。《繁花》里的男人,阿宝后来成了鼎鼎有名的宝总,梅瑞见他时要特意新做头发,浓芬袭人,三围突出,阿宝想来是尖头皮鞋,单排扣卡其色长风衣,不系带,头发浓密,理成平头;小毛出身工人家庭,肩膀结实,六块腹肌,和二楼娘子银凤搞腐化,银凤门前摆拖鞋,表示想小毛,摆布鞋,是想煞小毛,银凤湿淋淋坐在床上,一团白光,对小毛说,勇敢一点;沪生嘛,做了律师,规规矩矩,老婆白萍1989年公派出国,1991年,沪生替白萍还了两万两千块的债,现场拿出三千给丈母娘,余款一周后送到,白萍给他寄彩照,后面写着:"美丽的人儿在远方"。

---

\* 本文为向《繁花》的语言风格致敬,部分引文未打引号。

陶陶在静安菜市场卖大闸蟹，沪生经过吃杯茶，陶陶讲故事，卖蛋男人和卖鱼女人轧姘头，老公前往捉奸，整个过程节奏紧凑，如同007电影，沪生约了阿宝吃饭，却移不开脚步，听完才给陶陶讲耶稣，"古代有个农村女人，做了外插花事体，广大群众准备取女人性命，耶稣就讲了，如果是好人，现在就去动手。结果呢，大家不响了，不动了，统统回去淘米烧饭，回去睏觉"。陶陶说，耶稣辣手。

《繁花》读了一个多月，读到黄芽菜炒年糕和咸菜大汤黄鱼，我就起身，开袋四川麻辣牛肉干，辣油浸透，撒满芝麻；读到梅瑞讲自己姆妈樟木箱里的旗袍，桃玉悲墨淡竹叶颜色，香港小姐穿香油纱，我又起身，淘宝找件中式上衣，全开襟盘扣，正红色，想好了，下面配牛仔小脚裤，红色平底鞋。我私下觉得，《繁花》这么读，正是适当，书里的人，真真假假，吃小菜，诉衷情；书外的人，过生活，厌命运，才能把自己揉进故事里。沪生带着小毛去看姝华，姝华翻开一本闻一多编的旧书，上面有穆旦的诗，繁体字：

> 靜靜地，我們擁抱在
> 用言語所能照明的世界裏，
> 而那未成形的黑暗是可怕的，
> 那可能和不可能的使我們沉迷。

那窒息著我們的
是甜蜜的未生即死的言語,
它底幽靈籠罩,使我們游離,
游進混亂的愛底自由和美麗。

《繁花》那个世界,饭局上下,男女私情,到底就是用言语照明,那可能的,不可能的,已经沉迷。金宇澄的语感,说是短促,却也悠长,摇曳曳颤巍巍,这旖旎语感率领着"一万个好故事争先恐后冲向终点"。蓓蒂化金鱼,汪小姐怀怪胎,李李入空门,小琴机关算尽,却在陶陶离婚那天,和他调情追逐,撞上生锈的铁栏杆,蝴蝶拍翅膀般飞下去,最后是凄厉地叫一声:陶陶呀……这些故事,看似稀奇,却也不过如此,金宇澄后来讲,李李有原型,书里她出家就是结尾,书外还只是小说的中部,原型三年后自己建庙,又把庙卖给北方和尚,去旅馆房间找和尚谈合作,撞见和尚嫖妓,最后那小妓女跟了她,也剃头出家,四处化缘,去到总经理办公室,往下一跪。金宇澄说,这些不能写。你看,那未写出的故事,不愿意早早冲向终点,它还没有开到荼蘼。

《繁花》开始不知道自己是部长篇,金宇澄化名"独上阁楼",在网上每天写几百字,人物们先是过过生活,后来过成人生。整本书结构平淡,现实过去交叉前行,一路走往九十年代,男人们渐渐混出头面,都在外面有事体,还互相提醒告诫。

沪生对陶陶说，一般的外插花，等于发一次感冒，总是无声结束，碰到一个真正的绝品女人，一不小心，日月变色，改朝换代，亡党亡国。陶陶当时不响，他后来就是如此，改朝换代，亡党亡国，亡得很冤。

而阿宝和沪生，他们的爱情只存于七十年代记忆。小说第一章，阿宝十岁，邻居蓓蒂六岁，两人从假三层爬上屋顶，瓦片温热，黄浦江船鸣，蓓蒂头发飞舞，说，我乖吧，阿宝摸摸她的头。沪生的口头禅，"人们不禁要问"，姝华说，沪生，大字报句子，少讲讲。两人都是革命家庭，姝华看到的地方，沪生没有看见。他们走在司南路上，姝华说，再前面，香山路，旧名莫里哀路，莫里哀只写喜剧，轻佻欢畅，想想也对，一百年后，法国皇帝上断头台，人人开心欢畅，就像此地不远，文化广场，人山人海，开会宣判，五花大绑，标准喜剧。沪生不高兴听，理解不了，人们不禁要问，为什么要说这些？蓓蒂变鱼后，姝华去吉林务农，给沪生写绝交信："人已经相隔千里，燕衔不去，雁飞不到，愁满天涯……我们不必再联系了，年纪越长，越觉得孤独，是正常的，独立出生，独立去死。人和人，无法相通，人间的佳恶情态，已经不值一笑，人生是一次荒凉的旅行。我就写到这里，此信不必回了。"人们不禁要问，沪生为什么真的没有回信？

蓓蒂变鱼，写得惊心动魄，这么一本书，唠叨琐碎，没有一句心理描写，人人都在过日子，实打实，却夹了这两页，魔幻神异。姝华好像在做梦,看见小猫叼了蓓蒂和阿婆,金鱼和鲫鱼,乘了上海夜风,一路往南走,到了黄浦江边,两条鱼跳进水里,岸边是船舶、锚链、缆绳,三只猫一动不动。阿宝不信,说这是故事,是神话,但蓓蒂终究是没有回来。作者不响,毫无解释,任由阿宝终生困惑,思念蓓蒂。

"不响"是《繁花》的书眼,沪生不响,阿宝不响,小毛不响,陶陶不响,扉页上写着:"上帝不响,像一切全由我定"。小毛结婚,老婆春香,以前结过婚,春香娘是基督徒,喜欢讲《约伯记》,快病死的时候说,约伯身边,也无子无女,无牛无羊,穷苦到了极点,照样坚信不疑,但上帝也讲了,人是一棵树,最好按时结出果子来,叶子就不枯干,这是上帝意思。其实就是催春香结婚。春香向上帝祷告,说,我要结婚了,但是"上帝不响,像一切全由我定"。很多年后,小毛去世前,有气无力,又说:"上帝一声不响,像一切全由我定,我恐怕,撑不牢了,各位不要哭,先回去吧。"上帝无言,世间众生,只能各凭肉身,撞击命运,头破血流,不在话下。

有个晚上,阿宝和李李亲热,都动了真情。阿宝说:"天堂的水面上,阳光明媚,水深万丈,深到地狱里,冷到极点,暗到极点,一根一根荷花根须,一直伸下去,伸到地狱,根须上,全部吊满了人,拼命往上爬,人人想上来,爬到天堂来看荷花……人多,毫不相让,分量越来越重,荷花根就断了,大家重新跌到黑暗泥泞里,鬼哭狼嚎,地狱一直就是这种情况。"

书里的人说,"太残酷了",书外的人也是一惊,仿佛双手也紧抱荷花根,摇摇欲坠,天堂还远,地狱却近。

《红楼梦》第十三回,秦可卿死前给凤姐托梦,月满则亏,水满则溢,登高必跌重。所以后来有了白茫茫一片大地真干净,黛玉想求质本洁来还洁去,唯有自沉,冷月葬花魂。而《繁花》,既有此名,就知必有一天,繁花开尽。李李骤然出家,阿宝眼前的最后一个画面,"庵外好鸟时鸣,花明木茂,昏暗走廊里,李李逐渐变淡,飘向左面,消失。阿宝眼里的走廊终端,亮一亮,有玫瑰的红光。一切平息下来"。阿宝理应惨然,先是蓓蒂,再有李李,他此生过半,两手空空,只能缩回宝总的壳子里,搂紧蓓蒂的少年,抱住李李的中年男人,他此生料是不会提起,再无踪迹。

沪生和姝华重逢,火车站里,姝华披头散发,手拎人造革旅行袋,棉大衣像咸菜,身上一股恶臭。她还是读诗,"光辉啊／跌烂于平地的人／没入怒涛的人／火蛾一样烧死的人／一切逝去的人"。人们不禁要问,为什么要重逢,为什么不让他们的结局,留在更早的页面。但上帝不响,命运喧哗,不可抵挡,沪生如是,阿宝如是,你我如是。

**参考书目**

金宇澄著:《繁花》,上海文艺出版社,2013年。

# 人生是一栋闹鬼的房子

2013年,《纽约客》刊登了约翰·威廉斯(John Williams)小说《斯通纳》(Stoner)的书评,名为"The Greatest American Novel You've Never Heard Of"(你未曾听说过的最伟大的美国小说),开篇即说"艺术也有迟来的正义",气势汹汹,像是要写一个开膛剖肚惨死的文学冤案。

《斯通纳》出版于1965年,当时大概卖掉2000本,约翰·威廉斯1994年去世,《斯通纳》在那时早已绝版,从未被翻译成其他语言,以我的阅读范围看,也从未被任何当代美国文学史提及。到了2013年,这本书连荷兰语版都卖掉超过12万本,在畅销书榜前几名盘旋数周,法语、西班牙语和意大利语版也差不多,听起来像是文坛又发现了一个卡夫卡或者舒尔茨,文学评论家、作家、读者,人人都想在这出热血沸腾的励志剧里打个酱油,以证明自己和五十年前的同类有所不同,更聪明，更深刻，更有品位。

但约翰·威廉斯并不是另一个以被埋没和失败著称的作家，除了曾经在缅甸和印度打过第二次世界大战，他一生顺遂（参战而没死这件事可能也算得上顺遂）。在密苏里大学拿到博士学位后，他成为丹佛大学创意写作项目的负责人，还是《丹佛季刊》（*Denver Quarterly*）的创始编辑，在丹佛大学平平安安教了三十几年书，一直到1986年退休，结过三次婚，有三个孩子，活到七十一岁（作为一个酗酒的人也不能说短命）。他的文学之路更是让人艳羡：一辈子出版了四部小说和两部诗集，第一本小说出版时只有二十五岁，还没有拿到博士学位，1973年出版的历史小说《奥古斯都》（*Augustus*）获得美国国家图书奖，这个奖的得奖名单里包括福克纳、厄普代克、索尔·贝娄和菲利普·罗斯，在紧接着的1974年，得奖作品是托马斯·品钦的《万有引力之虹》。哪怕是这本现在被《纽约客》称为 you've never heard of 的《斯通纳》，刚出版时《纽约客》也曾给出简短而正面的评价："...a masterly portrait...Mr. Williams shows extraordinary control in telling this extremely difficult story."（一部高妙的作品。威廉斯展现出非凡的驾驭能力，讲述了一个极其困难的故事。）当时负有盛名的评论家欧文·豪也在《新共和》上赞扬它 "serious, beautiful and affecting"（严肃、美妙且动人）。总而言之，作为一本书和一个人，《斯通纳》和作者约翰·威廉斯的命运都远远称不上悲惨,没错,中间有几十年他们被历史遗忘了,然而这个世界上大部分书和大部分人,连被遗忘都谈不上,他们就像根本不曾在历史上出现过一样。《斯通纳》和约翰·威廉斯虽然是熄掉的灯,但你看那灯芯乌黑,有曾经燃烧的痕迹,时间是一道吞没一切的幽暗长廊,他们毕竟发出过自己的光。

书内外故事有一种奇妙映照。《斯通纳》写威廉姆·斯通纳的一生,一个出身农家的瘦高男孩,父亲为了他以后能更好地照顾农场,让他去读了本地大学的农学院,他却像中蛊一般被文学吸引,换了专业,本科毕业后继续读文学硕士。赏识他的老师阿切尔·斯隆给他提供了一边教书一边读博士的机会,他在学校里留了下来,评教授,拿到终身教职,出版了一本写得不怎么好但肯定也不坏的学术著作。他第一次恋爱就结婚,妻子出身良好,美丽优雅,他们先是住狭小公寓,后来贷款买了一栋房子,生了一个女儿,长得和她母亲一样美。人到中年,斯通纳爱上一个女研究生,爱情是一场大火,二人经常来不及说话就开始做爱,不做爱的时候,他们交谈,或者各自读书。他们避开家人朋友,偷偷去一个山地度假村待了一周,白天踩着积雪去森林中散步,夜晚坐在壁炉前叠好的地毯上聊天,"然后默默地看着圆木上火苗千变万化地飞舞,看着火光在对方的脸上飞舞"。他们后来分了手,因为一些庸俗得让人震惊却又完全能接受的原因。多年以后,他买到一本对方写的书,扉页上写着,"献给威·斯"。再后来他死了,死于癌症。

就是这样的一生，平庸得让人丧气，然而从这些浮动于表面的词句中，你看不见失败的阴影，就像一栋外墙装修也算体面的房子，只有居住其中的人才知道，黑夜降临，窗帘之下每个房间都是一片闹鬼的废墟，家庭、事业、内心，莫不如此。谁能想得到呢？他的婚姻在蜜月时就已经失败，到后来，妻子执意要买一栋他们负担不起的房子，原因是不想随时随地听到他的声音，而只有房子可以让他们隔离彼此。再后来，妻子冷静而歇斯底里地碾碎他与女儿之间的亲密，只有在女儿敢和他说说话的时候，斯通纳才"发现生活下去不仅是可能的，甚至偶尔有些欢乐也是可能的"，后来女儿长大了，为了逃离这个让人窒息的家庭，她不惜和一个连喜欢都谈不上的男人结婚，她也生了孩子，开始酗酒。最让人绝望的是，这一切完全不知道是如何发生以及为何发生，两个自由恋爱的成年人，婚后甚至没有过一次激烈争吵，两个人的日常生活像暗处鬼魂，它一天天积蓄力量，最终吞噬掉生活本身。

还好在这些过于脚踏实地的生活之外，斯通纳的灵魂另有藏身之处。他刚开始任教时有个叫马斯特思的朋友，在谈到他们所处的这所大学时，马斯特思说："上天，或者社会，或者命运，或者不管什么你想给它取的名字，给我们创造了这间小茅屋，这样我们就可以从暴风雨中走进去。这所大学就是为我们而存在，为这个世界的弃儿而存在……可即便像我们这样不堪，也比外面那些人强，满身污秽，比那些外面世界的浑蛋强。"

马斯特思死于第一次世界大战，斯通纳当时并没有意识到，他的朋友将会影响他一生。整本书最激烈的情节，是斯通纳竭尽所能，制止一个他认为不合格的研究生进入英国文学专业，他为此得罪系主任，在之后二十年中饱受欺凌（当然大学内的欺凌也就是上不了自己想上的课，课程表被安排得乱七八糟等等这些看起来不怎么重要的事情）。在和朋友谈到自己为什么要如此坚持时，斯通纳说："我们不能让他进来。因为我们这样做了，我们就变得像这个世界了，就像不真实的，就像……我们唯一的希望就是把他阻止在外。"

一生中有这样多关键性瞬间，约翰·威廉斯却选择一场乏味的论文答辩作为斯通纳的人生高潮，内容涉及第一部英语素体诗、盎格鲁诗韵、英国吟游诗人和苏格兰评论家，鬼知道这些名词到底是什么意思，但作者让我们知道它们很重要，起码对斯通纳而言，这些是他和这个该死的世界、自己该死的人生对抗的唯一武器。正如马斯特思所说，他们这种人是现实世界的瘸子，但为了捍卫另一个世界的神圣尊严，斯通纳，一个屁用没有的英国文学教师，挥出了手中从未开刃的剑。他还是失败了，那个学生被顺利录取，斯通纳又退身到自己糟得不能再糟的日常生活之中，但他自己知道，他曾经拔出过那把剑，这让他的人生有所不同。

在这个故事的最后，斯通纳快死了，死之前他拿着自己出版的唯一一本学术著作，他看着那褪色磨损的红色封面微笑，这本书被彻底遗忘，没有派上任何用场，但他觉得这也没什么关系，"任何时候，它的价值问题都几乎微不足道。他没有过那样的幻觉，以为会从中找到自我，在那已然褪色的印刷文字中。而且，他知道，自己的一小部分，他无法否认在其中，而且将永远在其中"。斯通纳的一小部分在这本名字都未曾告知的书中，约翰·威廉斯的一小部分在《斯通纳》中，人生是一栋闹鬼的房子，但在鬼魂游走的地方，藏着一本自己写的书，对每个写作的人而言，这就是全部的不同。


**参考书目**

［美］约翰·威廉斯著，杨向荣译：《斯通纳》，上海人民出版社，2016年。
［美］约翰·威廉斯著，郑远涛译：《奥古斯都》，上海人民出版社，2018年。

# 哈利·波特：旅程结束了

哈利·波特生于 1980 年，比我大两岁。这么想来，2000 年我第一次知道猫头鹰会送来魔法学校的入学通知书时，哈利其实已经结束了和伏地魔的最后一场战斗，伏地魔使用"阿瓦达索命咒"，但我们的哈利，只需要"除你武器咒"。他失去很多，父母、小天狼星、多比、邓布利多、斯内普……却也留下不少，罗恩和赫敏一直在他身边，他还收获了金妮的爱情，伤疤不再疼痛，人生在经历十七年噩梦后终于正式展开，他即将进入魔法部，还会有三个孩子。第七本的结尾是十九年后，他送孩子们到九又四分之三站台，小儿子阿不思刚被霍格沃茨录取，他害怕夜骐，又担心自己会被分入斯莱特林，哈利轻声抚慰他，像每一个父亲。这个结尾有点无聊，却也没什么可抱怨，奥利凡德对哈利·波特说，永远是魔杖选择巫师，而不是巫师选择魔杖。故事也是这样，虽然读到最后，甚至希望伏地魔拖两本再死，但它已经自己走到了结局。

然后到了2016年夏天，现实和故事里的时间第一次发生重叠，大家都走到了十九年后。《哈利·波特与被诅咒的孩子》选在哈利生日当天全球发售，这只是一个剧本，也不是真正由罗琳亲笔完成，但我们都饥渴多年，新的故事就像一杯黄油啤酒，虽然没有三把扫帚里的正宗，却还是迫不及待一饮而尽。然而这个故事开始得多么丧气啊：哈利成为公务员，整天处理无聊的文书，他和赫敏见面，先互相关心对方的孩子最近怎样，吃点太妃糖都得提醒自己正在戒糖。阿不思进入斯莱特林，在父亲的盛名之下封闭叛逆，哈利在某次震怒之下说，有时候我希望你不是我的儿子。至于他和金妮，他们看不出有什么问题，却也同样看不出什么爱意，就像郭靖和黄蓉从《射雕英雄传》来到《神雕侠侣》，一对飞在天上的神仙眷侣，踏踏实实被拽回了凡尘俗世。谁能想到呢，我们这些麻瓜顺理成章进入了中年生活，大难不死的男孩居然也会这样，再强大的迷情剂也会失效，魔法从来不能真正处理情感困境。

很多人说，这很好啊，这就是哈利为之奋斗的生活。说得没错，在脖子上挂着魂器、被食死徒追得像狗一样逃亡的黑暗时刻，这种生活肯定在彼岸闪闪发光。但彼岸变成此岸后是完全不同的，隔着距离不过看见粗糙轮廓，身处其中却不能逃开种种细节。在决心和伏地魔战斗的时候，哈利想到，"被拽进角斗场去面对一场殊死搏斗和自己昂首走进去是不同的。也许有人会说这二者之间并无多少不同,但邓布利多知道——我也知道,哈利带着一阵强烈的自豪想道,我父母也知道——这是世界上全部的不同"。但要和如此具体的生活战斗,大概是他从来没有想过的,面对你甚至无法命名的敌人,配不出一剂魔药,找不到一条咒语。

当然最终还是要战斗,又不是真的要写成巫师版《革命之路》。后面情节展开迅速,看起来跌宕起伏,其实不过是无聊,像《蝴蝶效应》混杂《星际穿越》,再加上伏地魔有个能飞的孩子。大概看了太多晋江文,我对穿越这种设定毫无兴趣,魔法世界不是这样的,它有它的限制,你不能凭空变出食物,不能在霍格沃茨幻影显形,更不能随意回到任何一种过去(赫敏用过的时间转换器最多只能回去三个小时)。魔法世界中时间依然只能永恒流逝,逝去的亲人不再回来,做错的事情没有机会挽回,哈利因为自负害死小天狼星,邓布利多在冲动之下戴上回魂石走向死亡,但就是这样,我们带着悔恨,只能前行。

十八岁我读第一本哈利·波特,刚上大学,没有钱,只能读图书馆里被迅速翻烂的旧书,这个全新世界充满想象,又满怀爱意,我还了又借,借了又还,每一本都起码读三四遍,记下每一个咒语和不重要配角的名字。正是不顾一切想摆脱青春期证明成熟的年龄,迅速谈恋爱,又迅速和初恋存钱开房,故意用粗鲁的言辞说话,抽很多烟,一口气灌下两瓶啤酒,在小说中加上激烈的性爱描写,与此同时,我却为哈利和张秋的初吻激动不已，罗恩问他什么感觉，哈利说："湿的。"到了《哈利·波特与凤凰社》，那时候的男朋友想办法在中文版尚未上市时给我辗转买到英文原版，他又瘦又高，还特意去买了圆圆的黑框眼镜，我们一起玩哈利·波特的游戏，用"Alohomora"（阿拉霍洞开）打开一道又一道神秘之门，寻找书里早已经写下的结局。我快毕业了，找到不错的工作，人生的展开没有失误，却也和这个游戏一样，没有任何惊喜。

最后终于到了《哈利·波特与死亡圣器》，我已经来到北京，一个人住在遥远郊区，有点孤独，却也生平第一次感到孤独中生长出的自由，这种自由同时意味着力量和限制。哈利因为自由而选择了一条漫漫荆棘路，就像《鼠疫》中加缪让男主角无望地和瘟疫战斗，不是基于"可以"，而是基于"应当"。哈利赢了伏地魔，这自然很好，但输了也没有什么关系，就像他的父母，就像纳威的父母。

有一天和朋友讨论哈利·波特与《冰与火之歌》，我说，两个系列我都喜欢，但不同意很多人认为后者比前者复杂深刻。所谓的深刻，不过是将人性无限黑化，却不讨论那些看起来幼稚却在任何时代都是重要的问题，比如爱、勇气、宽容、正义……他说，因为冰火有更大的视角，在历史中，什么爱啊勇气啊宽容啊正义啊根本不重要，屁用没有，在乎这些品质的人都可能会死，而且死得更快。这场讨论很快中止了，站在现实主义的立场，他大概是对的，我没有办法用历史进行反驳。但道德的存在从来不是为了验证现实，从柏拉图到亚里士多德再到康德，道德是一条和现实平行的轨道，因为它的引力，现实才没有走得更偏更远。历史大概就像伏地魔的冷酷宣言，世上本无善恶之分，只有权力塑造的强者和弱者（有点像尼采的超人哲学），但邓布利多是亚里士多德的信徒，相信正义，相信我们必须判断善恶，做出选择。

这两年我读了一本根本不红的书，《哈利·波特的哲学世界：如果亚里士多德掌管霍格沃茨》（*Harry Potter and Philosophy: If Aristotle Ran Hogwarts*）书中收录 317 个哲学家对哈利·波特的讨论，当中提到罗琳对"恶"的观点，其中最让人恐惧的是，"人们可以选择并且有人确实选择了恶……没有人，或者几乎没有人，会追求恶、缺失和死亡。即便是伏地魔也必须不断告诉自己，他做的一切是为了完成他的使命"。伏地魔之所以比摄魂怪更可怕，是因为他是人类，摄魂怪诞生时就是代表绝望的可怕生物，这是造物主的设定，然而伏地魔不是，他由汤姆·里德尔——一个优秀的霍格沃茨男学生会会长——一步步变形而来，他自由选择了这条黑暗道路，并且从未为此感到悔恨，"一切一切都说明，人们并不是命运的玩偶，也并不是生来就为了表演一个由星宿写好的毫无人性的剧本"。哈利·波特中有关于哈利和伏地魔的预言球，但后来的故事证明，是伏地魔用自己的选择去实现了预言——当哈利和纳威同时符合预言球的设定时，伏地魔选择将哈利标记为其劲敌——

在这出看来命中注定的剧本里，是他选择了主角，又写下台词。

在读《哈利·波特的哲学世界》时，我正好在写一个叫《微小的命运》的长篇小说，我写了一个关于爱情的故事，却更想在故事中探讨命运与选择，后来就有了这本书的题记，"命运屈从于外力，也屈从于内心"，以及序言，"书中主体故事平行发生于纽约和自贡，又有一部分发生在北京，城市和际遇带来不同，却并没有那么不同，因为人心的相似带来更多相似，犹疑、软弱、动摇、勇气、决心，是它们带领我们，走向命运的结局"。

小说写完已有一年，但读完《哈利·波特与被诅咒的孩子》后我忍不住再次重温前面七本，看到哈利戴上分院帽，心中默念"不去斯莱特林，不去斯莱特林……"分院帽说："不去斯莱特林，对吧？拿定主意了吗？你能成大器，你知道，在你一念之间，斯莱特林能帮助你走向辉煌，这毫无疑问——不乐意？那好，既然你已经拿定主意——那就最好去格兰芬多吧！"我看见哈利因为自由意志进入格兰芬多，才突然明白，我的小说最早生长自哪里。

可能是最后一次读哈利·波特了，因为已经几乎记得每一个细节，甚至包括邓布利多吃到一颗耳屎味的比比多味豆，或者哈利第一次去陋居，韦斯莱夫人给哈利做了八九根香肠三只荷包蛋。就像我十年中，唯一一次重读金庸，是去年又看了一遍《笑傲江湖》。哈利·波特的旅程已经结束了，他带给我的印记也烙进生命，我不会再期待另一本续集，或者另一个十九年后，就让我们继续前行、衰老、抱怨生活和命运，哈利却永远留在原地。

**参考书目**

[美] 大卫·巴格特、肖恩·克莱因编，于霄、刘晓春译：《哈利·波特的哲学世界：如果亚里士多德掌管霍格沃茨》，上海三联书店，2010年。

[英] 约翰·蒂法尼、杰克·索恩、J. K. 罗琳著，马爱农译：《哈利·波特与被诅咒的孩子》，人民文学出版社，2016年。

[英] J. K. 罗琳著，苏农译：《哈利·波特与魔法石》，人民文学出版社，2000年。

[英] J. K. 罗琳著，马爱新译：《哈利·波特与密室》，人民文学出版社，2000年。

[英] J. K. 罗琳著，郑须弥译：《哈利·波特与阿兹卡班的囚徒》，人民文学出版社，2000年。

[英] J. K. 罗琳著，马爱新译：《哈利·波特与火焰杯》，人民文学出版社，2001年。

[英] J. K. 罗琳著，马爱农、马爱新、蔡文译：《哈利·波特与凤凰社》，人民文学出版社，2003年。

[英] J. K. 罗琳著，马爱农、马爱新译：《哈利·波特与混血王子》，人民文学出版社，2005年。

[英] J. K. 罗琳著，马爱农、马爱新译：《哈利·波特与死亡圣器》，人民文学出版社，2007年。

# 为塞林格：既有爱也有污秽凄苦

夏日苦长，我用一个月时间仔细重读了塞林格（J. D. Salinger）所有的书。这件事没有听上去难，塞林格的正式出版物只有薄薄四本：《麦田里的守望者》（*The Catcher in the Rye*）、《九故事》（*Nine Stories*）、《弗兰妮与祖伊》（*Franny and Zooey*）以及《抬高房梁，木匠们；西摩：小传》（*Raise High the Roof Beam, Carpenters and Seymour: An Introduction*），加在一起不到四十万字。1996年他一度想出版写于1965年的长篇《哈普沃兹16，1924》（*Hapworth 16, 1924*），但这件事在推迟三次后还是没有发生（书没出，书评倒是出了一堆，覆盖几乎所有重要媒体），那家倒霉的出版商后来不得不使用电话录音应付读者和记者的逼问："这里是奥彻西斯出版公司。《哈普沃兹16，1924》没有按时出版。何时出版尚未确定。我们为此事的不确定性和……混乱表示歉意……"

早期的塞林格也就是个普通文学青年：出生于纽约中产阶级家庭，在公园大道长大，一心打入文学界，《纽约客》的退稿信能让他辗转反侧，想出的小说集迟迟出不来，他也疑惑自己是不是被经纪人坑了——总而言之，他和现在的我们差不多：焦虑，烦躁，恐惧平庸和一事无成，总觉得自己应该变得更"成功"，好像"成功"是一张被加持过的护身符，戴上就能驱走人生所有妖魔鬼怪。但不知道怎么回事，他迅速成功，又迅速从成功中抽身而出，在声名渐隆之时，塞林格不再出书，不向电影界卖出任何授权，对已出版书的控制欲扩张到封面颜色和字体，禁止读者私自把他在杂志上发表的作品结集（包括那篇流传很广的《破碎故事之心》，无数人非法阅读它的事实可能会让塞林格的玻璃心破碎）。为了阻止一本自己的传记面市，他不惜在1986年和出版商兰登书屋一路纠缠至美国最高法院，甚至把这个案件打成美国版权法领域的经典案例。一个可笑的悖论是，为了保护隐私，塞林格不得不在接受律师询问时暴露隐私，回答《麦田里的守望者》的销量（40万本）以及自己的年收入（10万美元）这些一定会让他抓狂的问题。

那时候塞林格已经六十七岁，他成名已久，影响了整整一代美国人（最著名的例子是，刺杀列侬的凶手，开枪后坐在过道里，平静地阅读一本《麦田里的守望者》，等待警察前来将自己逮捕），公众却连他的照片都找不到几张，以至于一度有人认为他和托马斯·品钦是同一个人。这一切就像塞林格在《弗兰妮》中所写:"我不怕竞争。恰恰相反。难道你还不明白吗?我是怕我会去竞争——这是让我害怕的东西。这是我放弃戏剧专业的原因。我习惯于接受别人的价值观,我喜欢掌声,喜欢看到别人为我疯狂,但这不说明演戏就是正确的选择。我感到羞耻。我厌倦了。我厌倦于自己没有勇气做一个什么都不是的人。我厌倦了自己和所有想惊天动地一番的人。"人过三十,我好不容易接受人生就是一场残酷竞赛,必须要奋发图强以逃避比如倒数第八名的命运,结果又让我看见塞林格:一个赢了上半场、然后 biu 地退出比赛的人。

在这个中午吃两块红烧猪蹄也可能会被记录在案的时代,阅读塞林格——不管是他的作品还是他的人生——分外有趣。1949 年他为自己写了一个作者小传,那时他还处于出名焦虑期,小传依然只有三句话:"我已认真写作十年以上。战争期间我在第四师打仗。我几乎总是写年岁不大的人。"后来他再也没有写过类似东西,我估计,塞林格一直梦想整个世界对他的私生活了解的东西就是这么三句话:他在写作,他打过仗,他喜欢写年轻人。塞林格几乎强迫症一般地喜欢改变事实,在 1942 年的结婚登记证上,他写过自己母亲出生于爱荷华州,但后来连这点事实他也进行了修改。坎尼斯·斯拉文斯基(Kenneth Slawenski)在《塞林格传》(*J. D. Salinger: A Life*)里说,"凡是他认为与别人无关的事实,习惯上他都要改变"。

这可能是因为遗传，塞林格的父母就总对自己的身世三缄其口，导致他的姐姐一直到死，都以为母亲出生于爱尔兰。为了不和外人接触，他围绕自己购买的地界，建起六尺半高的围栏，然后端坐于围栏中，一坐六十年。

塞林格孩子气地扩大了"隐私"这个词的外延，在一次稀有的采访中，他对《纽约时报》的记者说："不再出书使我得到了一种美妙的宁静。非常平和。真的。出版是对我的隐私的一种严重侵犯。我喜欢写作。我喜欢写作。不过，我只是为自己和自己的快乐而写作。"一万个作家里大概有九千个都曾经表态（如果他们有表态机会的话），自己不为任何人写作，除了"自己和自己的快乐"，但其实大家还是着急发表和出版，焦急等待外界评价，哪怕是到了布罗茨基的层级——哈金曾讲起，有个朋友去拜访布罗茨基，他当时已经拿到了诺贝尔文学奖，"我的朋友到他家时看见他躺在地板上落泪，因为他的诗集刚刚得到一个负面的评价"。

目力所及范围内，也只有塞林格，像小松鼠藏松果一样藏起自己的作品，然后对这个世界说：去你妈的，关你屁事。《九故事》里有一篇叫《德·杜米埃-史密斯的蓝色时期》，男主角兼职做函授美术老师，在大量狗屎作品中发现了一个真正的天才，但天才艾尔玛修女后来决定放弃画画，专心侍奉上帝，男主角开始对此痛心疾首，但最后他想通了，"我要给艾尔玛修女顺自己命运的轨迹而行的自由。全世界的人都是修女"。

真的，塞林格也是修女，我们得接受这件事，这个世界上有些天才会将天分用尽，有些天才，却会对自己的天分——尤其是天分所能换取的东西——失去兴趣与耐心。

有一次我和朋友讨论塞林格与卡佛，他说两者的区别在于前者是好文人，后者则是一个好的故事讲述者。卡佛擅长描写人类的孤独境况，塞林格则试图在这种孤独背后寻找原因。后期的塞林格越来越控制不了自己在小说中讨论宗教问题（塞林格的宗教信仰非常复杂，是禅宗、吠檀多印度教和基督教的混合物），在写《祖伊》的时候，他曾经使出浑身解数想压缩当中的宗教内容，但怎么也不能成功。他说过，自己就算坐在打字机前，决心写"一个关于一双被盗运动鞋的爱情故事"，它的内容依然绕不开宗教布道。在《九故事》第一篇《逮香蕉鱼的最佳日子》里，西摩自杀的理由看起来还更多是战争带来的创伤，但到了《抬高房梁》和《西摩小传》，塞林格讲西摩的故事，得先用一两千字写伯乐和九方皋找马，西摩也越来越像他本人，现实世界的任何一个局部都可能让他痛楚，他渴望能脱离肉体，仅仅以精神存在，或者索性就活在自己的小说中。塞林格的女儿说，"他没有能力或是不情愿跟任何人保持密切的私人关系"，女儿出生的时候很得塞林格喜爱，但他的爱很难和生活本身发生切实联系，《塞林格传》里说，有一次孩子撒尿了，塞林格张开双臂，把婴儿抛了出去。

1958年塞林格给好友汉德法官（是的，就是美国法律史上著名的汉德法官）写信："以平和的心态与神同在，在责任的大道上义无反顾地走下去。要是神希望你继续前行的话，他的灵感能让你知道。"谁也不知道神到底带给塞林格什么，按照情人的回忆录，他是个喝尿和吃冷冻豌豆的可笑怪人，在神秘的"倭格昂能储存器"里一坐六个小时，沉迷于针灸。但谁知道呢，在不可侵犯的自我里，他也许真的是一个被神眷顾、内心宁静的人，这个世界永远都像《九故事》中最著名的那个篇名，《为埃斯米而作——既有爱也有污秽凄苦》，塞林格的人生也是如此，既有爱，也有污秽凄苦，只是他拉上窗帘，不想让我们看到这些。厄普代克为塞林格写过一篇书评："塞林格写出一部大作，《麦田里的守望者》，还告诉喜欢这部小说的读者给作家打电话；后来他藏了二十年，为的是不接电话。"这也没什么不好，在这个每个人都有无数联系方式的时代（微博，微信，邮箱，QQ，Facebook，Twitter，Telegram……），总该有那么几个人，他不想给这个世界，留下哪怕一个电话号码。

**参考书目**

[美]塞林格著,孙仲旭译:《麦田里的守望者》,译林出版社,2007年。
[美]塞林格著,李文俊、何上峰译:《九故事》,人民文学出版社,2007年。
[美]塞林格著,丁骏译:《弗兰妮与祖伊》,人民文学出版社,2007年。
[美]塞林格著,丁骏:《抬高房梁,木匠们;西摩:小传》,人民文学出版社,2009年。
[美]坎尼斯·斯拉文斯基著,史国强译:《塞林格传》,现代出版社,2012年。

# 野草仍在歌唱

1950年,多丽丝·莱辛(Doris Lessing)从罗得西亚(今天的津巴布韦)来到英国,在轮船甲板上抱起小儿子皮特说:"看,那就是伦敦。"那个时候的伦敦有泥泞的小港湾、灰蒙蒙渐渐朽掉的木墙、房梁、起重机和纤夫,空气净化运动尚未开始,大雾总是突然而至,当时她并不知道,自己将会在这个城市里度过漫长的余生。她带着一个小小的行李箱,全部财产不到150英镑,刚刚把自己第一部小说《野草在歌唱》(*The Grass is Singing*)的手稿卖给约翰内斯堡的一个出版商。那一年的莱辛三十一岁,有过两次婚姻,抛弃了第一次婚姻的两个孩子,她后来再也没有走入婚姻,但这并不意味着她没有真正享受性和爱情。

1919年多丽丝·莱辛出生在伊朗西部,1925年和父母迁移到非洲大陆,她的人生在很小的时候就显得艰难:十三岁因为眼疾辍学，十五岁离家当保姆，十六岁开始工作，十九岁第一次结婚，二十六岁第二次结婚。还好，三十岁的时候她决心当一名作家，只有这件事几乎算得上一帆风顺。《野草在歌唱》讲述一个发生在南非的故事，白人女主人玛丽勾引黑人家仆摩西后又抛弃他，不堪羞辱的摩西最后杀死了玛丽，这本混杂着孤独、性欲、殖民主义与种族问题的书立刻就获得了成功。第二本书《这原是老酋长的国度》(*This Was the Old Chief's Country*)同样反响不错。莱辛一直对自己的写作事业充满自信，出版社高兴地通知她《野草在歌唱》开始加印的时候，她只说了一句"哦，好的"，她以为这就是每个作家都会面对的事情，浑然不知这个世界上大部分作家很难卖出五百本书，即使后来远远比她畅销的马尔克斯，在《百年孤独》之前，也从来没有一本书的销量超过七百。

她的生活依然窘迫，有时候要靠卖掉母亲给她的首饰才能付得起房租，她卖掉的维多利亚饰品只获得不到 30 先令，十年之后这些首饰的价值就是上千英镑。莱辛后来计算过，1958年她平均一周只能挣 20 英镑，这仅仅是工人的工资水平。但是她毕竟是一个专职作家，而且在那个时候，她认识的作家和艺术家没有一个真的有钱。莱辛对自己当时的生活感到满意，她有一个在自传里化名为杰克的亲密爱人，虽然对方有家庭和子女，她依然把这视为一种跟婚姻一样严肃的关系。当莱辛的写作事业渐渐上行，杰克说："你不爱我，你只关心你的写作。"

莱辛感到委屈，她觉得自己并未像乔治·桑那样在烛光下整夜写作，"我从未把工作置于爱情、置于杰克之上……为了他，我可以放弃任何写作计划"。

这段持续四年的感情慢慢走向了终点，分手时莱辛正在巴黎，杰克则要去海外的某家医院工作，他去机场的时候她买了回伦敦的车票，对方后来三次回头找她，最后一次是在七十年代。杰克从来没有过任何承诺，有时候还会以开玩笑的语气说"我和别的女人睡觉，我并不打算娶你"，但莱辛却将其视为生命中最认真的爱情。作为读者我总觉得这个故事应该属于萨冈或者杜拉斯，不应该属于坚硬的莱辛，但经历了这场心甘情愿的折磨之后，莱辛开始写作她真正的代表作《金色笔记》（*The Golden Notebook*）。

从1962年出版《金色笔记》开始，莱辛就被视为继伍尔夫之后最伟大的英国女作家，这本书后来成为妇女运动的圣经，加拿大女作家玛格丽特·阿特伍德在莱辛去世后就写文章说，1963年她和好友在巴黎读两个人的书度过精神低潮期，一本是《金色笔记》，另一本则是波伏娃的《第二性》。因为被认为具有煽动性，《金色笔记》在德国和法国十年未能出版，但越来越多渴求成为"自由女性"（《金色笔记》的章节名）的人读到它，并且将其视为对自己人生的鼓舞。在莱辛看来，这本冷静构思的书被"歇斯底里"地阅读了，总是有读者激动地对莱辛说："这本书改变了我的人生。"但是莱辛对此非常淡定，她说，一本书改变了一个人的人生，这只能说明这个人已经准备改变，而这本书成为了一个开端。莱辛总是鼓动女性开始改变，就像《金色笔记》里所写：不管你想做什么，现在就做吧，反正条件看起来永远是不可能的。（Whatever you're meant to do, do it now. The conditions are always impossible.）

在声名正盛的七八十年代，莱辛一直是诺贝尔文学奖的热门人选，阿特伍德说，如果有一座二十世纪作家们的总统山，上面必然会刻上多丽丝·莱辛。但她一直到渐渐淡出文坛的2007年才得奖，很多人认为这是因为她早年曾经加入共产党，在很长一段时间内都对共产主义抱有好感甚至信仰。莱辛鄙视那些喜欢到处说"我是个共产党员"却从未梦想过真正入党的人，她觉得在那个时代，说共产主义是一种信仰是一件很普通的事情，但是使用这个短语并不意味着理解它。她后来写过，苏共二十大的反馈被描述为"个人崇拜"，然而"最坏的不是一个领导人成为了独裁者"，而是数以百计千计的人，"在苏联里或者苏联外，丢弃了个人的良知和道德，让那个人成为一个独裁者"。

莱辛一生被贴上了各种标签：反殖民主义者、女权主义者、共产主义者、神秘主义者（六十年代后她着迷于伊斯兰神秘主义派别苏菲派），但她从来都无视这些标签，1956年因苏军入侵匈牙利，她淡然退出了共产党，身为共产党员的时候她几乎从不参加会议，退党之后反而常出现在会场为党员们演讲。作为女权主义者们心中的先锋,她说"一个需要男人的女人并不愚蠢。男人,就是用来占有和拥抱的",自传中她还坦白自己有一段时间乐于和男人调情,而最古怪的性经历是和一位名为肯·泰南的演员,当她走出浴室,发现卧室里的墙壁打开,上面挂满了鞭子,她还说,同样奇怪的事情还发生在她和另外一些名人身上,只是名字她不愿提起。总而言之,终其一生,她是她自己笔下的人,一位真正的自由女性。

因为活得太长,莱辛和历史人物多有交集。1954年她获得毛姆奖,拿到400英镑的奖金,莱辛给毛姆写信表示感谢,但是毛姆在回信里说:首先,他并未参与评奖;其次,他从来没读过莱辛写的东西;最后,在莱辛之前,从没有获奖者写信感谢他,毛姆说,"你一定经常写信感谢别人……"她和罗素一同参加过左派知识分子游行,莱辛对罗素并无好感,因为当她离开游行的时候,罗素用盛气凌人的口气说:"我想你是要回去和你的情人上床吧。"她受邀去苏联大使馆进午餐,坐在她身边的人是写出《静静的顿河》的肖洛霍夫,在莱辛对肖洛霍夫的第二本书做出"不怎么样"的评价之后,肖洛霍夫表示如果她是在苏联,他就要把莱辛绑在他的马尾股后面,"等我摔倒在地上哭求他原谅的时候再用鞭子抽我"。

非常年轻的时候莱辛写过一首诗,里面有个句子说:"当我回首过往，我似乎还记得歌唱。"现在她走了，这些过往冻结为历史，但是野草仍在歌唱。

**参考书目**

［英］多丽丝·莱辛著，陈才宇、刘新民译：《金色笔记》，译林出版社，2000年。
［英］多丽丝·莱辛著，一蕾译：《野草在歌唱》，译林出版社，2017年。
［英］多丽丝·莱辛著，龙飞译：《时光噬痕》，译林出版社，2016年。
［英］多丽丝·莱辛著，陈星译：《好邻居日记》，译林出版社，2016年。
［英］多丽丝·莱辛著，赖小婵译：《岁月无情》，译林出版社，2016年。
［英］多丽丝·莱辛著，朱恩伶译：《浮世畸零人》，译林出版社，2016年。
［英］多丽丝·莱辛著，何颖怡译：《第五个孩子》，译林出版社，2016年。
［英］多丽丝·莱辛著，邱益鸿译：《天黑前的夏天》，译林出版社，2016年。
［英］多丽丝·莱辛著，朱子仪译：《幸存者回忆录》，译林出版社，2016年。
［英］多丽丝·莱辛著，宝静雅译：《刻骨铭心：莱辛自传（1919—1949）》，北京联合出版公司，2016年。
［英］多丽丝·莱辛著，翟鹏霄译：《影中独行：莱辛自传（1949—1962）》，北京联合出版公司，2016年。

# 两个女孩,两种自由

两个女孩都出生于1944年。对他人而言,她们有别的名字,但对于彼此,她们一个叫莉拉,一个叫莱农。

1944年,墨索里尼一年前被捕又被救,共产党游击队还没有将其枪决,把他和情妇一起倒挂广场示众。但意大利的一切都几成定局了,战争即将结束,那不勒斯的维苏威火山将在那一年最后一次爆发,盟军和纳粹的军队本来在山下激战,这下仗也不打了,上万人跑去围观,砂砾和岩浆据说被喷出接近五百米,就是这座火山,埋葬了庞贝城,城里有几千人来不及逃脱,就地被活埋。火山爆发是不可逃避的,就像命运,莉拉和莱农原本确信,"事先规划好自己的行动,知道自己在做什么,这样就能预测后果",但不是这样的,"实际上,后来发生的事情让我们措手不及……像火山爆发一样降临到我们身上",整套"那不勒斯四部曲",就是命运反复试炼两个女孩，灼热滚烫，一路流淌。

莉拉第一次带着莱农逃学，试图走出她们居住的城区。莉拉说，在维苏威火山的方向有大海，她们将要看到的情景，"和每天眼皮子底下的所有东西都不一样"。这个城市最早以海妖帕耳忒诺珀（Parthenope）命名，帕耳忒诺珀无法以歌声迷惑奥德修斯，她跳海自尽，变幻为悬崖，两个女孩都有一点像海妖，虽然她们住在海边，却没有见过大海。大海变成一种意象，代表和破败的城区、湿热的夏日不同的存在，代表她们逃离当下的终点。最早想见大海的是莉拉，她计划好了一切，莱农只是（像其他所有事情那样）跟随着莉拉。但在一场大雨后，两个女孩的梦想发生了隐秘对调，莉拉放弃了大海，决定回到她们居住的城区，莱农却想继续走下去，远离所有人和事，她要"去遥远的地方"，其后命运的流向也的确如此，天才女友莉拉留在那不勒斯，一直认为自己活在莉拉阴影之下的莱农反而去了远方。

莉拉是鞋匠的女儿，极其聪明却早早辍学，结婚却饱受婚姻煎熬，和人私奔却被对方嫌弃，生下不知道是谁的儿子，试图独自抚养他。最艰难的时候，莉拉在香肠厂做女工，每天八个小时泡在煮香肠的水里，为了去骨头手上全是伤口；为了多挣十里拉作为冻伤补贴，得在零下二十度中进出冰库。激进的共产主义者希望她参加"探讨工人处境"的会议，莉拉说："我有孩子，我每天工作八个小时，还不算加班的时间，像我这种处境的人,每天一下班就想着睡觉。"

莱农的父亲在市政府做门房,她也美丽(比莉拉差一点),也聪明(还是比莉拉差一点),看起来不大可能和莉拉拥有不同的命运,但她偏偏做到了。种种意外之下,莱农读了中学,又考上大学,她去了比萨高等师范,享受以前不可想象的精英生活。一个体面的女大学生,极端努力地学习,一直拿满分,不到一年就成为大学里最有前途的学生之一,"就是走在路上,有人会友好地和你打招呼的那种学生"。

当莉拉和肉食店老板斯特凡诺的婚姻直直下坠时,莱农正和家境优越的男人谈恋爱,一个接着一个。最后,她认识了彼得罗·艾罗塔,一个著名的古希腊文学教授和社会党要人的儿子,和他在一起,莱农就像被架空了出身与历史,他们从来不谈论日常生活,两个人的世界里只有古罗马文学和希腊文学,酒神,狄多女王,埃涅阿斯纪。彼得罗后来成为大学老师和莱农的丈夫,而在此之前,更让人振奋的事情发生了:莱农写了一部小说,彼得罗的母亲把它推荐给米兰的出版社,他们将出版这本书。知道这个消息时,莱农正在那不勒斯城区游荡,她激动又不安地想象那本书,书脊用胶水粘好,封面上写着她的大名:埃莱娜·格雷科,"一个不为人所知的姓氏现在充满了光辉"。这个名字将和她的肉身一起离开这个灰尘弥漫的无聊城区,而莉拉却没有做到。虽然童年两个女孩一起读《小妇人》时,是莉拉最早提到她们应该一起写书,这样就可以发财。但就像大海一样，莉拉很快抛诸脑后的想法，莱农却拣了起来，她既看到了大海，也写书发了财：和彼得罗结婚之后，莱农搬到佛罗伦萨，生了两个漂亮的女儿，成为一个颇有声望的作家，不管从哪个角度看，她都成功了。

这样概括起来，可能每一个女人都会躲避莉拉的命运，希望成为莱农，因为她才代表着自由女性，自由女性应当（可能也必须）如此：良好的教育，体面的婚姻，光鲜的事业。莉拉呢？当莱农正在筹备婚礼、同时给著名的《团结报》撰稿描述工人们的悲惨境况时，身为工人的莉拉和工厂闹翻了，她没有钱，精神崩溃，身体虚弱，被莱农陪着去看心脏病医生。莉拉原本以为和（曾经爱过的）尼诺有一个孩子，但儿子长大之后却和她厌恶的丈夫斯特凡诺长得一模一样。什么都糟透了，莉拉想搬回那不勒斯城区，莱农反对，因为"我已经迫不及待地离开了"，莉拉说，这是因为莱农很强大，她从来没有那么坚强。如果故事停留在第三部《离开的，留下的》（尤其是上半本），两个女孩从幼年时就相互依恋又相互对抗，但走到这里，她们好像残酷地被命运分出了胜负：莉拉输了。

或许吧，如果命运可以被如此这般简单概括，如果人生是从一个目的走向另一个目的，那大概是这样的。但生命在更隐秘的地方，有更复杂的皱褶，莱农心里很清楚这一点，从小时候开始，莉拉就是她的天才女友，莉拉无视规则，因为她创造自己的规则，她跨越界限，因为她内心没有界限，"尽管她外表看起来很脆弱，但是任何禁令在她面前都会失去效力"。莉拉没有继续读书，因为她故意考不及格；她和斯特凡诺结婚，因为她认为他可以和自己一起抵抗索拉拉兄弟（他们类似于那不勒斯城区里的教父）；她在新婚的第一晚就拒绝丈夫的性要求，因为她发现他其实是个懦夫；她离开丈夫因为她爱上了尼诺，她离开尼诺因为她发现他并不值得……一系列的"因为"导向了他人眼中的堕落。和莱农比起来，莉拉过得差极了，但自由从来并不意味着成功，恰恰相反，自由意味着你足够坚硬勇敢，能够承受溃败。

莉拉原本可以拥有一切，索拉拉兄弟爱她，斯特凡诺也爱她，她轻轻松松就设计出漂亮的鞋子，轻轻松松就让肉食店生意兴隆，就像年幼时她就可以心算复杂的数学题，听写的时候不会出现任何一个错误，她说要写小说，就写出了小说——莉拉什么都可以拥有，哪怕用最世俗的标准，十六岁时她就住在那不勒斯的豪宅中，房子正对维苏威火山，水龙头会流出热水，瓷砖地板熠熠生辉，浴缸可以洗泡泡澡……但莉拉毫不犹豫地抛弃这些，选择了在香肠厂做女工，满手伤口，艰难度日——是的，选择，她不是沦落至此，这是她选择的伤口，选择的生活。在第四部的最后，莱农意识到这一点，莉拉从不使用自己拥有的东西——才智或者美貌——为自己谋得什么，她只是挥霍它们，"我们所有人都作出让步了，经过考验、失败和成功，这种让步重新塑造了我们。只有莉拉，没有任何人、任何事可以改变她"。

莱农呢？她很聪明，当然。非常努力，当然。她理应获得这些，当然。但她心里很清楚这一切的隐秘起点：莱农大学论文写《埃涅阿斯纪》，因为莉拉小时候曾经迷恋这部史诗；莱农和她并不爱的男人安东尼奥探索性与身体，因为她认为莉拉正在和斯特凡诺做这些，她害怕落后于她，"你做什么，我就会做什么"；至于真正让她成功的那本书，多年以后莱农恍然大悟，它最初的灵感，来自莉拉幼时的作品《蓝色仙女》。莱农参与战后意大利纷繁芜杂的政治活动，撰写高度政治化的文章，但也许更多因为那是时髦的知识分子都会做的事情（而莉拉第一次参加这种知识分子聚会就表现出剧烈的讽刺和反抗），当莱农发现丈夫（像当时所有丈夫那样）沉浸于自己的世界、并不能分担抚养孩子的工作时，她并没有勇气承认或者改变什么，她只是对莉拉说，自己和丈夫很好。

莱农后来离开了丈夫，因为尼诺出现了，她凭借一个男人的力量离开另一个男人，莉拉可永远不会这样，莉拉从来没有接受过让人恐惧的马尔切诺，莉拉不使用一个男人去打败另一个男人——也许她曾经这样尝试过，但男人总是让人失望，最终她亲自打败他们。怪不得莱农说："莉拉在我面前时，我是她的附庸，我刚刚一远离她，我自己就变了，没有莉拉，我什么想法都没有。没有她的思想支撑，我就无法认定任何思想……我要接受自己是一个平庸的人。"当创作陷入困境之时，她也想过做出最安全的选择：回到家庭，把自己的失败隐藏在"母亲"这个头衔之下。尼诺始终不肯离婚，她深受伤害，却无力结束这种让人难堪的局面……这样的莱农，还是一个"无可争议"的自由女性吗？

但这也不意味着莱农输了，两个女孩的关系不是这样的，她们和这个世界作战，她们之间却并不是一场战争。莉拉和莱农之间也有嫉妒和攀比，但在更多时候，她们是彼此的希望，当莉拉觉得莱农的书很差时，莉拉失望极了，甚至于痛哭起来，因为她坚信莱农可以做得更好，"这是我最渴望的事，假如你不是很棒的话，那我是谁？我是谁呢？"这种渴望贯穿整个四部曲，是比嫉妒更为强烈悠长的情感，两个女孩都在渴望对方完成另一半自我，因为她们都看到自身无法弥补的缺失。莱农有一篇小说，里面的夏娃不能独立存在，也不知道如何独立，"她在亚当之外，没有自己存在的支撑"。更早的时候，莉拉的妈妈平静地说，"女人一辈子就这样，有时候挨打，有时候受宠"。但两个女孩既不想挨打，也不想受宠，她们不想只能通过男人定义自己，如果缺失是一种必然，那她们宁愿在对方身上寻找支撑。她们都爱上同一个男人，也许因为她们本就是对方的另一半，莱农有时候会忍不住想象，如果她和莉拉一起进入高中和大学，如果她们息息相通，携手共进，那生活会变成什么样子？"我们会从对方身上汲取力量，我们会肩并肩进行战斗，那些属于我们的，只会属于我们。女性内心深处的孤独很折磨人,我想,把两个人分开是一种浪费,相互没有参照,没有支撑。"

这种想象在某种程度上实现了。莉拉和莱农进入三十六岁,她们几乎同时怀孕,又都回到了那不勒斯,住在楼上楼下,两个女人在那个时刻,互相依赖和扶持,共享了同一种不可逃避的命运。她们都生下女儿,又一同抚养她们,就像小时候,她们都有自己的布娃娃,但这是不够的,自由有更彻底和残酷的要求。最终她们都做到了,并不是借助对方,而是凭靠自己,她们都独自走上了一条并不见得愉快的道路。莱农出版了一本书,就是莉拉之前觉得写得很糟糕的那本,但出版商喜欢这本书,别的人也喜欢,莱农终于不再需要通过莉拉来定义自己;她也离开了尼诺,一个轻浮而没有根基的男人,她和莉拉都曾经爱过的男人,虽然莉拉早对她说过这些,但最终是她自己戳破了爱情的幻象。以前她希望莉拉是另一个自己,但最终她找到了自己,这一切让她可以骄傲地说:"我吃了多少苦啊,经历了多少事情啊!每一步都好像要跌倒,但我都挺住了。我离开了城区,又回到那里,我又成功摆脱了。没有任何东西会把我和我生的几个女儿拉下水去,我们都得救了,我没有让她们任何一个沉沦下去。"

莉拉呢?她失去了女儿(第四部名为《失踪的孩子》),失去恩佐,她没有坐过火车和飞机,她甚至没有去过罗马,但她先成功地消除界限,随后又成功消失了自己。"界限消失"这个词在书的最后越来越显得重要，在接受《金融时报》采访的时候，埃莱娜·费兰特（Elena Ferrante）说："对界限的意识对所有的女性来说都是重压。我们在别人设定的界限里生活，当我们不尊重这些界限时，我们也无法喜欢自己。男性突破界限不会自动产生消极的后果，反而会是一种好奇心或者勇气的标志。但女性突破界限——尤其是在没有男性引导或监督的前提下，会令人无所适从——会是一种女性魅力的丧失，是逾矩、堕落和疾病。"

莉拉突破了这些，她之前说过，"自我删除是一种听起来很美的计划。我再也受不了了，电脑看起来那么干净，但实际上很脏，非常脏，你不得不到处留下痕迹，就像你不停在身上拉屎撒尿一样，但我不想留下任何东西，我最喜欢的键是删除键"。她做到了，没有留下一点痕迹，她们都自由了，莱农摆脱了对方，莉拉摆脱了这个世界。"那不勒斯四部曲"的结尾说，"过去的生活没有凸现出来，而是陷入黑暗"，可能吧，就像她们掉进黑暗的布娃娃，布娃娃也许还在黑暗里，但她们都走出来了，用各自的方式，留下各自的痕迹。

# 参考书目

［意］埃莱娜·费兰特著，陈英译：《我的天才女友》，人民文学出版社，2017年。
［意］埃莱娜·费兰特著，陈英译：《新名字的故事》，人民文学出版社，2017年。
［意］埃莱娜·费兰特著，陈英译：《离开的，留下的》，人民文学出版社，2017年。
［意］埃莱娜·费兰特著，陈英译：《失踪的孩子》，人民文学出版社，2018年。

# 英雄是那些注定失败的人

阅读到了后面，会失去发现的勇气，我这两年反复阅读经典，却少有尝试陌生作者。有时候我会一边读书，一边玩一个无聊的想象游戏：如果实行作者匿名制，到底还有多少书，我能真正读完？我们对一本书的评价，到底会受到多少它既有地位的影响？我们的阅读经历，在多大程度上会漂浮在他人的眼光之上？

有些书不需要深思熟虑。曹雪芹哪怕是在市场上卖猪肉，我也要飞奔过去紧握他油腻腻的双手。我不会喜欢任何一本巴尔扎克。我会喜欢任何一本契诃夫。《悲惨世界》开篇关于巴黎市政建设的冗长描写会极度消耗我的耐心，但如果熬过这一段，我还是会被冉阿让和沙威的选择打动。我必然会一口气读完《罪与罚》。我会在阅读《卡拉马佐夫兄弟》的过程中几度想放弃，但"宗教大法官"那一章依然会是我对"自由"这个词语最重要的理解来源。我会埋怨《群魔》结构一塌糊涂，情节啰里啰唆，主角斯塔夫罗金居然书写了一小半才正式出场，但里面的一些句子，即使没有陀思妥耶夫斯基这个名字的照耀，依然将永恒闪光，比如："《启示录》里的天使断定，往后不会有时间了。……那里说得很对，既清楚又精确。当全人类都得到幸福的时候，时间也就不会有了，因为用不着了。十分正确的想法。"基里洛夫说："不，我不相信未来的永恒生活，而是相信这儿的永恒生活。存在着一些瞬间，您可以达到这些瞬间，而时间却会突然停止，那时它就会成为永恒。"

只要略过前面几章冗长的人名和法语对话，我就能够进入《战争与和平》的世界，但我依然会认为，最后那三万字评论完全多余，阿城也说，他读《战争与和平》都不忍心读后面三万字，因为不忍心看一流的小说家变成不入流的思想家。《安娜·卡列尼娜》放在任何时代置于任何人的名下都是堪称伟大的作品，帕慕克在《天真的和感伤的小说家》里提了几十次这本书，而且每次都是安娜在火车上读书那个场景。和前面这些笃定的答案不同，最近托尔斯泰给我提出了一个让人举棋不定的问题：我喜欢他的《哈吉穆拉特》吗？

这部小说隐藏在人民文学出版社的《列夫·托尔斯泰文集》第四卷里，我能找到它的原因是哈罗德·布鲁姆（Harold Bloom）在《西方正典》（*The Western Canon*）里说这是他读过最好的短篇小说。《西方正典》是文学批评界的圣经，所以我先读了这篇《托尔斯泰和英雄主义》,再读了一百页出头的《哈吉穆拉特》,但我还是拿不准这件事:我喜欢它吗?

小说不到十万字,托尔斯泰从1896年写到1904年,中间三年他中断写作,查阅大量历史资料,像记者一样询问诸多历史当事人,八年中他几易其稿,而且始终不允许家人发表,1910年托尔斯泰去世,1912年《哈吉穆拉特》作为遗稿面世,因为涉及高加索战争,被俄国书报检查机关大量删改,一直到1918年,我们现在读到的版本才得以出版。小说的故事和结构都非常简单,也大致和历史相符:鞑靼人哈吉穆拉特本是高加索伊斯兰教领袖沙米尔的副手,因为战功赫赫,沙米尔疑心渐增,扣押其家人为人质,1851年底哈吉穆拉特投诚沙皇,冀望俄国以俘虏交换其家人,并允诺到时会帮助俄国击败沙米尔,但他渐渐发现俄国人不过让其在等待中虚耗时光,1852年4月痛下决心逃跑,最终被俄国追兵砍下头颅。

托尔斯泰在故事开始前写了一段引言,描写顽强的牛蒡花,"人战胜了一切,毁灭了成百万的草芥,而这一棵却依然不屈服"。牛蒡花又名"鞑靼花",这样赤裸裸的比喻抒情,简直让人想到我们的《荔枝蜜》,不敢相信这是书写历史和人性的大师托尔斯泰在生命的最后时刻反复修改的作品。以赛亚·伯林在《俄国思想家》(*Russian Thinkers*)中说晚年托尔斯泰念念执著的主题:"我们一切困惑的解决之道近在眉睫——答案就在我们身畔周遭,俯拾即是,昭昭然如化日天光,只要我们不自闭眼睛，不四处瞻望，而肯凝神注目，就会看到清明、单纯、不可抗拒的真理正在瞪着我们。"这部《哈吉穆拉特》大致就是如此：清明，单纯，不可抗拒。

托尔斯泰想写一个英雄，或者说他把自己对英雄的全部想象，埋藏在哈吉穆拉特的故事里。与大部分作家以探索人性的复杂为最高目标不同，托尔斯泰在写《哈吉穆拉特》时，不断简化人物性格，在最后一稿中，他删去了诸多可以体现哈吉穆拉特复杂"人性"的细节：他对沙米尔的权势高于自己的嫉妒和恼恨，他对金钱的贪婪，他的自私，他的宗教狂热，他在杀人时的残暴……最后站在我们面前的哈吉穆拉特：勇敢，虔诚，彬彬有礼，眼神纯净，宛如孩童，每个女人都爱她，最后哈吉穆拉特被杀，连俄军首领的情妇都要怒斥杀死他的人是刽子手。托尔斯泰自己就参加过高加索战争，小说所写的这段时间里，他本人正在战场上，1852年得知哈吉穆拉特投诚的消息后，托尔斯泰曾经鄙夷地称其为"卑鄙的勾当"，但五十年过去，当托尔斯泰开始写这个故事，他把哈吉穆拉特的投降，也写成了一种勇敢，勇敢地选择背叛，却在和俄国贵族的谈话中，坦白自己并不喜欢俄国人，他所做的一切，只是希望救回家人。

和笔下越改越单纯的哈吉穆拉特相比，托尔斯泰自己的转变过程却复杂而难以追溯。对哈吉穆拉特的评价由极低变为极高，也许和他宗教信仰的转变相关，很多人认为，托尔斯泰晚年接近伊斯兰教，事实上已经是一位穆斯林。托尔斯泰的宗教信仰几经变化，毛姆就曾经说过，托尔斯泰少年时代就不相信上帝了（这里应该是指基督教意义上的上帝），但他后来恢复了上帝信仰，只是这种信仰是通过一种推理达到的，"如果我存在，那就必定有某种原因。而所有一切的最后原因，就是人们叫做上帝的那个东西"，但当时他依然不相信具有人格的上帝。马克西姆·高尔基在1921年《回忆录》中也写过，托尔斯泰递给他看自己的日记，当中有一句奇怪的格言："上帝是我的欲望。"

也许正是因为自己在信仰中漂浮不定，托尔斯泰艳羡和钦佩那些真正虔诚的人，焦急等待中的哈吉穆拉特几乎不吃不睡，唯一的消遣是每天骑马散心，但却从未忘记向真主祷告。与之对应的，则是身为宗教领袖的沙米尔，在祷告前心心念念的是十八岁的美貌姬妾。而号称信仰东正教的沙皇尼古拉，前往教堂不过是完成一种让他厌倦的任务，他厌烦"上帝也象凡人一样，通过他的仆人神父的嘴来问候和夸奖尼古拉，这些问候和夸奖虽然使他厌倦，但他仍然象领受应得的东西一样领受了。这一切都是理所当然的，因为全世界的平安和幸福都系在他身上，虽然他已经倦于这些事，但他仍然不拒绝给全世界以帮助"，这就是托尔斯泰所写的沙皇，同样不具备任何复杂人性，他就是一个可笑虚伪的胖子，一个残酷暴君。

托尔斯泰一生都逃不开对悲惨生活的审美偏执。他富裕到拥有巨大庄园，却认为金钱本身是不道德的，占有财产就是犯罪。他身为俄罗斯历史上无可争议的最伟大作家,却崇拜体力劳动,还自己做靴子穿,毛姆讽刺说"但是他做的靴子质量之差,可以说任何人都不能穿"。他后来还想放弃自己所有版权,幸亏索尼娅是一个强悍的太太。《西方正典》里也不无讽刺地说,托尔斯泰一心想做殉道者,但是精明的沙皇政府总不让他如愿,"因为政府只迫害他的支持者,却从不触动这位享有世界声誉的圣人和史诗式小说家"。

在托尔斯泰这里,英雄是那些注定失败的人,所以他没有写那个曾经战无不胜的哈吉穆拉特,托尔斯泰的英雄在一开篇就已经注定败局,他不过在投降的屈辱中等待死亡。我还是不知道自己是不是喜欢《哈吉穆拉特》,但是以后再想起"英雄"这个词,我注定会想到哈吉穆拉特那场孤注一掷的逃亡,在牛蒡花中被割下的头颅,他用失败,去换取永恒。

**参考书目**

[俄] 列夫·托尔斯泰著,臧仲伦译:《列夫·托尔斯泰文集》(第四卷),人民文学出版社,1986年。
[英] 以赛亚·伯林著,彭淮栋译:《俄国思想家》,译林出版社,2011年。
[英] 毛姆著,刘文荣译:《毛姆读书心得》,文汇出版社,2011年。
[俄] 陀思妥耶夫斯基著,南江译:《群魔》,人民文学出版社,2011年。

# 格格不入
## 与最后的天空

你们为什么这么坚定,
这么郑重其事地相信,
只有正常和积极的东西——
总之,只有幸福才对人有利呢?

# 从水晶宫到地下室

2007年初,我还住在广州,租的房子是一栋破旧公寓,电梯有点问题,总是骤然下坠又骤然停止,在那么几秒钟内,我发现自己丝毫没有恐惧,我可能不想死,但也不怎么想活下去。我正准备迁居到北京,屋子里四处狼藉,猫尿混杂灰尘的味道逃无可逃,窗外是雾霾沉沉的灰色天空。大部分书都已经打包寄走,大概觉得自己生活的地方跟地下室也没有太大区别,无聊到极致的时候,我随便翻开一本陀思妥耶夫斯基的《地下室手记》,我已经好几年没有读过他的书,大学时读《卡拉马佐夫兄弟》和《群魔》的震动好像已经被非常具体的生活渐渐消磨,好在这个时候我又遇到了《地下室手记》。

整本书大概也就说了这么一段话:"你们为什么这么坚定,这么郑重其事地相信,只有正常和积极的东西——总之,只有幸福才对人有利呢?对于什么有利什么不利,理智不会弄错吗？要知道，也许，人喜欢的不仅是幸福呢？也许，他也同样喜欢苦难呢？也许，受苦与幸福对他同样有利呢？"我把这本书装进随身箱子里带到北京，飞机尚未停稳，我看见舷窗外正在下雪，万物似乎都可以归零开始，又想到书里说："但是我一生中，即便在任何表面的哪怕是最琐屑的事情发生之初，我总觉得，我生命中的某个根本性转折肯定会马上到来。"但那个时候我想，这个转折大概永远不会到来。

《地下室手记》发表于1864年，陀思妥耶夫斯基四十三岁，在几个月之内妻子和哥哥相继去世，之前他已经写出了《穷人》和《死屋手记》，大家都说，陀思妥耶夫斯基是另外一个果戈理，专为深受压迫的小人物写作，充满人道主义慈爱。社会主义者们当然喜欢他，他和别林斯基之前走得很近，一度深受后者思想的影响，这让他永远无法真正匍匐在信仰之下，但即使那时，他也发现自己无法真正抵抗信仰，所以陀思妥耶夫斯基说："最主要的问题……一个我自觉不自觉曾为之痛苦了整整一生的问题，就是上帝的存在。"从这本书开始，另外一个陀思妥耶夫斯基，一个用更复杂混沌的人道主义面对世界的陀思妥耶夫斯基，一个承认自己本性卑鄙和激烈迷狂、"一生都越界到魔鬼那里"的陀思妥耶夫斯基，一个甘愿放弃幸福而紧紧抓住自由的陀思妥耶夫斯基，终于告别关于人类的水晶宫幻想，走进了人性的地下室。

水晶宫的意象来自车尔尼雪夫斯基的《怎么办》，1859年他在伦敦参观完"水晶宫"展览馆，三年后写了这部长篇。水晶宫出现在女主角薇拉的第四个梦中，车尔尼雪夫斯基认为将来所有人都将在水晶宫中生活，水晶宫外鲜花盛开，歌声四溢，"那对于所有人的都是一个永恒的春天和夏天，永恒的欢乐"，总而言之，永恒虚妄的乌托邦。

陀思妥耶夫斯基是第一个坚定地对水晶宫说不的人，第一个知道欧洲大陆的共产主义幽灵已经飘荡到俄罗斯而且开始成形的人，他早在苏联出现之前就明白无疑地看见了苏联的模样。正如别尔嘉耶夫所说，他早已感觉到地下的、俄罗斯深处岩层的革命不会带来自由，因为"社会幸福论与自由相对立"。1869年陀思妥耶夫斯基回到彼得堡，开始创作集中阐释这一观点的《群魔》，他让希加廖夫在《群魔》里说："我的出发点是无限自由，我的结论是无限专制。"早在革命的五十年前，陀思妥耶夫斯基就已经看清，即将开始的革命寻求的是奴役与复仇，而非自由与正义。

四十岁的地下室人是一个退职小官，住在彼得堡城边潮湿肮脏的公寓里，没有钱，受尽歧视，在被人羞辱之后，又转过头去羞辱地位更加低下的妓女丽萨（这算是这本书的唯一情节，其他都是地下室人神经质的滔滔呓语）。即使卑贱如此，他还是要大声讽刺水晶宫，讽刺它不过是用永恒的幸福把人类表格化和数字化，书中多次用"二二得四"来代表一种抛弃自由意志、确凿无疑的所谓幸福，"如果一切都变成二二得四，自由意志又算什么东西呢？二乘二不用我的意志还是得四"。在陀思妥耶夫斯基看来，当一切可以用二二得四概括之时，当人类的最终梦想就是放弃自由而住进代表幸福的水晶宫时，这不再是生活，而是死亡的开始。

就像我们很难爱上地下室人一样，你也实在很难用正面词语来概括私人领域的陀思妥耶夫斯基：他自私自负又自卑，嗜赌如命，对仆人恶劣透顶，养了个情妇，老婆奄奄一息的时候还跟着情妇去了巴黎，斯拉夫主义者，幻想着俄国去拯救世界，他还向自己的朋友吹嘘过怎样在澡堂里强奸一个小女孩，《群魔》第二部的原第九章刊发时被删除，正是因为这一章斯塔夫罗金的自白里涉及他强奸幼女的情节，《俄国导报》拒绝发表，陀思妥耶夫斯基还为此删改了部分后面的情节。普希金在《回忆》中有一句，"我带着厌恶阅读自己的生活"，布罗茨基后来批评，陀思妥耶夫斯基和整个俄国小说都来源于这句诗。

《地下室手记》的最后是地下室人痛苦地说："他们不让我……我没法做一个……好人！"在现实世界里，陀思妥耶夫斯基显然不是一个"好人"，纪德在《关于陀思妥耶夫斯基的六次讲座》里面提到福楼拜和陀思妥耶夫斯基一点有趣的不同，福楼拜说："生活是一件极其丑陋的事，忍受它的唯一办法就是避开它。"但是陀思妥耶夫斯基说："至少，我已经生活过了；我痛苦，但我毕竟生活过了。"从《地下室手记》开始，没有人比他在人性深处走得更远，地下室中将会渐渐走出拉斯科尔尼科夫（《罪与罚》）、斯塔夫罗金（《群魔》）与伊凡·卡拉马佐夫（《卡拉马佐夫兄弟》），他们疯狂的生活告诉我们理性并非能概括一切，人并非天然只趋向于益处，人类的梦想既趋向圣母，也趋向索多玛。帕慕克就充满敬畏地说："如果今天，我们能接受这样的事实，如果我们知道，有一种逻辑会鼓励人们爱上堕落，我们就应该感谢《地下室手记》。"

然而如果不从对基督的信仰入手，仅仅把陀思妥耶夫斯基视为写作人性罪恶的大师，将永远无法真正读懂他在《地下室手记》之后每一部伟大的作品。在给哥哥的信里，陀思妥耶夫斯基说这是一部不完整的作品，因为"书报检察机关的人都是蠢猪，我挖苦嘲弄和装作亵渎上帝的地方都被放过了，我是想从这里阐发出信仰基督的必要——而这却被删去了"。在陀思妥耶夫斯基这里，如果自由失去和上帝的联系，那么自由本身也就被消解为一种对自己的奴役。陀思妥耶夫斯基一生都为一件事痛苦：既然上帝存在，为什么人间依然有罪恶？最后他与这个问题取得了和解，认为世上所有的邪恶和苦难都是美丽的，因为它们都是上帝的创造，"要是你热爱世上一切有生命的东西，这种爱将证明受苦受难是理所当然的，大家都应当彼此承担罪孽。为他人的罪孽受苦受难将成为每个真正基督徒的道德义务"。这一切正如《约翰福音》所说：光照在黑暗里，黑暗却不接受光。

陀思妥耶夫斯基对自由与上帝的探索开始于《地下室手

记》,终结于《卡拉马佐夫兄弟》,这依然是一部不完整的作品。按照最初的计划,《卡拉马佐夫兄弟》还有一个续篇,故事发生在十三年之后,书中代表纯善的阿辽沙已经成熟了,他四处寻找真理,成为革命者,最后成为政治犯被处以极刑。但是1880年11月,我们现今读到的《卡拉马佐夫兄弟》成稿,陀思妥耶夫斯基死于三个月后,没能完成一个人犯下罪行却又因对上帝的信仰获得救赎的最终设想。

从《地下室手记》里的水晶宫到《卡拉马佐夫兄弟》中大法官的人间天堂,陀思妥耶夫斯基终生都在抵抗那些诱惑你离开自由的撒旦,即使自由意味着痛苦,意味着一条失去安全屏障的漫漫长路。在雨雪霏霏的彼得堡,穷困潦倒的陀思妥耶夫斯基选择走进地下室,在灰霾漫天的北京,我希望自己能拒绝水晶宫。

**参考书目**

［俄］陀思妥耶夫斯基著,臧仲伦译:《地下室手记》,漓江出版社,2012年。
［俄］尤·谢列兹涅夫著,徐昌翰译:《陀思妥耶夫斯基传》,人民文学出版社,2011年。
［俄］车尔尼雪夫斯基著,蒋路译:《怎么办》,人民文学出版社,2008年。
［英］毛姆著,孔海立等译:《巨匠与杰作》,华东师范大学出版社,1987年。
［土耳其］奥尔罕·帕慕克著,宗笑飞、林边水译:《别样的色彩》,上海人民出版社,2011年。

# 死于昨日世界

导演韦斯·安德森（Wes Anderson）在电影《布达佩斯大饭店》（*The Grand Budapest Hotel*）的最后感谢了茨威格，这部童话般的电影没有明确使用茨威格任何一部作品，却事实上被茨威格灵魂附体：回忆嵌套回忆的设计来自《象棋的故事》，奢华优雅的大饭店背景来自《邮局姑娘》和《一个女人一生中的二十四小时》，费因斯扮演的古斯塔夫和裘德·洛扮演的作家都直接指向茨威格本人。而整部电影里混杂的忧伤、乡愁与微弱却坚持不肯熄灭的理想主义，当然来自茨威格最后的一本书：《昨日的世界：一个欧洲人的回忆》（*The World of Yesterday: An Autobiography*）。

《昨日的世界》写于1939年至1940年，在那两年中，茨威格失去奥地利国籍，先去英国，再到美国，最后抵达巴西。他喜欢巴西，觉得欧洲虽然沦亡，但欧洲文明所创造的一切能够在南美以其他新的形式得到延续,"我在南方的十字星座下又重新开始有了希望和信仰"。在这本书的开篇,茨威格用他惯有的蛊惑人心的文字说:"纵使我们今天怀着惘然若失、一筹莫展的心情,像半个瞎子似的在恐怖的深渊中摸索,但我依然从这深渊里不断仰望曾经照耀过我童年的昔日星辰,并且用从父辈们继承下来的信念安慰自己:我们所遇到的这种倒退有朝一日终将成为仅仅是永远前进的节奏中的一种间歇。"

作家的乐观主义有时候是一种谎言,与其说想欺骗读者,不如说是想麻痹自我。文字创造泡沫,生活却戳穿它,写下上述饱含信念的文字后不久,在给朋友写的信中,茨威格坦承"出于绝望,我正在写自己一生的历史"。1942年2月22日,他和第二任妻子服毒自杀,没有看到这个世界从倒退再次恢复前进的那一天。

茨威格选择用最激烈的方式死去,与自己曾经眷恋的一切告别,但和其他犹太人相比,很难说他经历过什么真正的苦难:他出生于巨富之家,一直沉浸在文学和艺术的志趣之中,连拉丁文语法书的封皮里,都夹上里尔克的诗。十七岁就出版了第一部诗集,二十六岁成为德语世界最重要的岛屿出版社的固定作者。从来没有经历过为出版和出名焦虑的时期,茨威格自己也不无骄傲地说过:"我的每一本书,当它第一天在德国公开发行时,就要销售两万册,而且报纸上还没有登过任何广告。"一战时他写出反战剧本《耶利米》,茨威格一心等待来自读者的强烈抗拒，但这本书首印的两万册依然很快销售一空，他让人生气地写下："我曾有一切的思想准备，只是没有想到这一点。"

即使在二十世纪三十年代，欧洲犹太人的处境已经日益黑暗，茨威格依然住在自己位于萨尔茨堡山上的豪宅之中，几乎欧洲大陆上所有的艺术名流都访问过这个优美舒适的家。出版的作品销量惊人，这让茨威格有充足的财力沉溺于各种爱好，比如收藏名人手稿，他拥有巴赫、海顿、肖邦甚至莫扎特十一岁时候的乐谱，墙上挂着布莱克的素描和歌德一首诗的手迹。他从未佩戴过代表犹太人耻辱身份的黄色大卫星，更不用提被送往集中营。流亡后他获得英国国籍，美国和巴西也待他甚是友好，和他那些在奥斯维辛吃着皮鞋也要活下去同胞相比，所有这些都指向同一个疑问：人生远远未到绝境，茨威格为什么要死？

在《布达佩斯大饭店》中，古斯塔夫越狱后第一件事是要用一种名为L'Airde Panache的古龙水，这个意为"华丽香氛"的名字代表他视之为尊严的一切：美酒，华服，爱情，友谊，以及面对死亡时也要吟出的诗句。茨威格也是如此，一战时他和挚友罗曼·罗兰在日内瓦见面，两个人一方来自同盟国，一方来自协约国，但他们采取了完全公开的方式，茨威格说"两个老朋友并不因为恰巧各自属于不同的国家而在战争期间偶然相遇时突然彼此回避……我们没有必要因为世界变得荒诞而自己也随之变得乖戾"。这句话可被视为茨威格一生的信念，但当希特勒征服欧洲时，那些他以为会万古长存的优雅秩序一去不复返，而"结识一个可以使你缩短等候时间的领事馆的小小女官员在最近十年里要比在上个世纪和托斯卡尼尼或者罗曼·罗兰结下友谊更为重要"，这是茨威格不能忍受的堕落与羞辱。在三十年中经历两次大战，且一次比一次更加坠入噩梦深渊，他引以为傲的欧洲文明在权力和欲望面前是如此不堪一击，当这个世界用枪炮轰炸掉所有诗意，他唯有一死。

茨威格的遗书已经说出了一切："与我操同一种语言的世界对我来说业已沉沦，我的精神故乡欧罗巴也已自我毁灭……我向我所有的朋友致意。愿他们经过这漫漫长夜还能看到旭日东升！而我这个过于性急的人要先他们而去了！"这段话用他挚爱的德语写成，却自有中文版本，比如陈梦家在1966年上吊自杀前说："我不能再让别人当猴子耍。"再比如早在1927年，王国维自沉昆明湖前留下十六个字："五十之年，只欠一死，经此世变，义无再辱。"后人对王国维的死有各种猜测，有人说他为清亡殉葬，有人说因为被罗振玉逼债，在我看来，他和茨威格一样，不过是以自己的方式向昨日世界告别。颐和园园丁曾说，"先生约上午十点钟左右进园，初在石舫前兀座，久之，复步入鱼藻轩中，吸纸烟"。王国维死得从容，茨威格亦如是。

在《布达佩斯大饭店》中，古斯塔夫两次在火车上救下没有身份的酒店门童 Zero，电影里这句台词也是两次出现，"你看，在野蛮的屠宰场上，还是有些文明的微光在闪动，那就是人性所在。确实，那就是我们仅有的谦卑的温和的方式"。但文明的微光并不能永恒照亮人性，第一次古斯塔夫遇到对自己友好的法西斯军官，第二次他则被执行队（暗喻纳粹党卫军的行刑队）毫无迟疑地枪杀。这就像茨威格说过的，罗曼·罗兰虽然在《约翰·克利斯朵夫》整部作品中赞美了艺术的不朽，但他却对茨威格忧伤哀叹："艺术能使我们每个人得到满足，但它对现实生活却无能为力。"

一战之后，法语里出现了一个新的词语，belle époque，美好年代，专指 1900 年到 1914 年这十四年，这就是茨威格念兹在兹的昨日世界，那个时候他相信站在面前的是人类文明必然前进的二十世纪，即使在一战结束后，他也依然相信那几年不过是一场噩梦，现在都已经过去。他丝毫没有想到噩梦会越做越深，直至成为再也醒不过来的梦魇，而这个世纪剩下的时间，人类会被前所未有的灾难笼罩：战争，法西斯，其他那些东西……枪炮并没有因为莫奈的睡莲或者马勒的《第一交响曲》停下脚步，茨威格不愿意承认这是他的欧洲。他离开奥地利的原因是几个秘密警察进入他家搜查，他们并没有搜出任何东西，这不过是一场恐吓。这样一件今天看起来并不让人怎么吃惊的事情，却被茨威格认为是莫大侮辱，并不惜因此离开家园，直至离开人世。在他死去的 1942 年，奥斯维辛已经建造出第二个毒气室，操作一次可以屠杀12000人，焚尸炉每天焚烧8000具尸体，茨威格的同胞们坐着火车走向死亡，死亡地点正是他深爱的欧洲，启动焚尸炉的人，很可能是他的读者。

那个时候集中营里的屠杀尚未公开，茨威格不知道这一切，否则也许他连遗书都耻于使用德语。乔治·阿瑟·歌德施密特（Georges Arthur Goldschmidt）在犹太人大屠杀之后拒绝再讲德语，几十年只用法语写作；保罗·策兰（Paul Celan）则始终无法面对自己和杀害父母的凶手说着同一种语言，1970年投入塞纳河，在他最著名的诗《死亡赋格曲》中，策兰绝望地说"死亡是来自德国的大师"。他人的种种选择并不带来结论，却提供线索，也许茨威格之死带来的疑问并非"他为什么要死"，而是"我们为什么活着"，作为茨威格的读者，我并不纠结于他的死亡，他幸运地死于昨日世界。

**参考书目**

[奥]斯蒂芬·茨威格著，张玉书译：《爱与同情》，浙江文艺出版社，1983年。
[奥]斯蒂芬·茨威格著，舒昌善译：《昨日的世界：一个欧洲人的回忆》，生活·读书·新知三联书店，2014年。

# 一九二九，或者其他年份

《巴比伦柏林》(*Babylon Berlin*)选择了1929年，一个时间终结又时间开始的年份。魏玛宪法进入第十年，魏玛共和国自由、繁荣、野心勃勃、充满生机。柏林如同盖茨比的纽约，纸醉金迷，像一个靡靡幻影。茨威格在《昨日的世界》里对这个城市忧心忡忡，因为"柏林成了世界的罪恶渊薮……穿着化纤的紧身衣、涂脂抹粉的年轻男子沿着库达姆林荫道游来逛去……纵然斯韦东笔下的罗马也没有见过柏林那种舞会上穿着异性服装的疯狂放荡场面。成百名男人穿着女人的服装，成百名女人穿着男人的服装，在警察的赞许目光下跳着舞。在一切价值观念跌落的情况下，正是那些迄今为止生活秩序没有受到波动的市民阶层遭到一种疯狂情绪的侵袭"。这种盛况大概也是片名的由来，《圣经》中的巴比伦是"耶和华手中的金杯，使天下沉醉"，这座城市既意味着狂欢和淫乱，也意味着即将到来的全然破碎。

但茨威格好像丝毫没有意识到，他所担忧的混乱与放荡，正是彼时柏林的灵魂，而这一切就像他的昨日世界，将会迅速逝去。茨威格自己也写过《异端的权利》，加尔文治下的日内瓦一切井然有序，没有污染、腐化、动乱和罪恶，因为加尔文期望把日内瓦改造为尘世间第一个上帝王国，当局由此在生活的每一个角落猎杀"任何淫荡下流的行为"，这种行为包括一杯酒、一次牌局和一个拥抱。总而言之，整齐划一的意识形态要求整齐划一的生活，快乐定义了异端，而异端不能、不许、不应该快乐。

这显然不是1929年的柏林。第一集一开篇，是男主角——一个科隆临时借调过来的风纪警察——去色情电影的拍摄现场抓捕，被抓的人面无惧色，说："魏玛宪法第118条，艺术是自由的。"那时候身处柏林的人很难想象，他们很快将会失去这些：萧条将取代繁荣，魏玛宪法即将被架空，一个瓦格纳的狂热粉丝、据说从《尼伯龙根的指环》中获得启发的男人将创立国家社会主义，继而通过合法民主程序上台，从而终结柏林和整个共和国的黄金时代。

所有开往歧路的列车都有一个拐弯的起点，包裹在《巴比伦柏林》纷繁线索之下的，正是对这一起点的追寻。没有人知道奥斯维辛怎样从虚空中铺设第一块砖，从这部连续剧来看，它也许就铺设于1929年。柏林的夜晚既有哀叹"尘归尘土归土"

和"浮生若梦"的歌声（片中主题曲），也有在黑暗中环伺等待的危险：流亡在外的苏联共产党托派分子，想把一车厢黄金运往托洛茨基所在的伊斯坦布尔，以此为革命资本，推翻斯大林的统治；同一列火车上，其他车厢号称装有剧毒农药，但实质上是预谋发动政变推翻社会民主党的"黑色国防军"进口的致命毒气，这些毒气数量之巨，足以杀死柏林的每一个人。

这列火车就像是关于奥斯维辛的隐喻，"黑色国防军"显然是在暗示"德国国防军"，即1935年至1945年间德国的军事力量，纳粹自有的党卫军在编制上也有一部分从属为国防军。火车上没有施放给柏林的毒气，在几年之后，将会一百万一百万地杀死犹太人。而在1929年，犹太人还高高兴兴住在柏林，经营商业，成为议员，爱因斯坦是柏林威廉皇帝物理学研究所所长，在这个城市他写成一生最重要的广义相对论，1929年2月还发表了《统一场论》。爱因斯坦是最早意识到柏林上空笼罩着阴影的人之一，早在1927年他就在反法西斯宣言上签名，更多犹太人却懵懵懂懂，沉浸在宪法赋予他们的自由与平等之中（魏玛宪法的前言为"德意志国民团结其种族，一德一心共期改造邦家，永存于自由正义之境，维持国内国外之和平，促进社会之进化，爰制兹宪法"），浑然不知站在前头等待的，是何等残酷的命运。

回到《巴比伦柏林》，托派首领和支持黑色国防军的商人（片中名为Alfred Nyssen，应是影射德国企业家弗里茨·蒂森

Fritz Thyssen，他是希特勒二十年代最重要的金主之一）共享同一个情妇（主题曲就是借她之口唱出），她却私下里向苏联大使馆告密，让自己的革命同志惨死于机关枪之下（她的托派情人躲在粪坑里逃过一命），她执意想让这些黄金运往巴黎，至第一季结束，还没有明示她到底有什么目的，但那又有什么关系？反正她不是服务于这一派，就是那一派，而不管哪一派，都将积沙成塔，毁掉柏林。

左翼的红色阵线早就常常与警察和纳粹冲锋队在街头火拼，1929年五一劳动节这天，他们有三十多人被警察射杀（《巴比伦柏林》中夸张为两百人，警方为了逃避责任谎称这是自卫，这显然将成为第二季的重要线索之一）。激进将推动激进，就像杀人会带来杀人，左和右是两个工工整整的对称弧形，将在各自的尽头处相遇。在第六集中，几个年轻人在柏林湖畔游玩，在这部充斥着死亡、毒品和阴谋的剧集中，这是少有的明亮美丽场景，两个年轻男孩穿着泳裤在沙滩上闲聊，一个人突然没头没尾说了一句："大规模处决是一种合法的革命手段。"朋友问他："谁说的？希特勒？"答案是："列宁。"这是第一季中唯一一次出现希特勒的名字，抹掉署名，这句话的确既可以属于他，也可以属于列宁。

列宁死了多年，但希特勒就在柏林，他在1929年任命戈培尔为纳粹党宣传部部长，还正式建立了忠于他个人的党卫军。在那一年年底，纳粹党有17.8万党员，但到1930年德国大选，纳粹党获得640万张选票，在国会拿到107个席位，成为德国第二大党。这一列载满毒气的失控列车将会开向哪里，作为旁观者的我们看得清清楚楚，但车上的人却无从得知。男主角Gereon Rath听从父亲的指示来到柏林，以为自己只是帮即将参加竞选的科隆市长（应当就是纳粹党突飞猛进的这次选举）拿回淫乱录像，最后他才知道，录像带的主角就是自己的父亲。

第一季结束于此，Gereon Rath烧掉这些录像带，告诉父亲和爱人，自己将留在柏林，对于命运他也许有隐约预感，却不可能真正看得清明。他是一战的幸存者，战后有心理创伤，靠吗啡和与哥哥的爱人偷情活了下来，他不大可能想象，人类将会第二次掉入地狱，且比上一次掉得更深更彻底。茨威格就是始终想不通这件事，明明逃亡成功，还绝望地自杀于巴西。Gereon Rath又如何能知道，当他奔走于柏林大街小巷，四处寻找一卷黄色影片的时候，历史走向了那个无可挽回的拐点。

1929年发生了种种意味深长的大事，当中有一件似乎不大重要，托马斯·曼（Thomas Mann）在那一年获得诺贝尔文学奖。但他并不是很为此高兴，因为评委们的授奖理由主要集中在《布登勃洛克一家》(Buddenbrooks)，而不是他更为看重的《魔山》(The Magic Mountain)。《魔山》出版于1924年，书中说："我们时代的神秘性和准则，不是自我的解放和发展。我们的时代所需要的，它所要求的，它将为自己创造的，是——恐怖。"就像陀思妥耶夫斯基在《群魔》中预言了彼得堡五十年后的命运，《魔山》发生在瑞士，却写出了十年后的柏林。在这恐怖的一切到来之前，托马斯·曼有过他最后的努力，纳粹党在1930年大选中获得640万选票之后，托马斯·曼曾在柏林贝多芬大厅做了一个演讲，名为《致德国——向理性呼吁》，他期望德国人能抵御民族主义狂热，但从效果而言，这一切只是徒劳，柏林已没有给理性留有余地，而托马斯·曼随后流亡，只能自我安慰："我在哪里，德国文化就在哪里。"

1929年当然并不是唯一的年份，在其他那些年份，依然有各种各样的人类，坐上各种各样的交通工具，在已然错误的道路上马不停蹄。在看《巴比伦柏林》的间隙，我正好读完《沈从文的前半生》，里面有1934年沈从文坐在小船上给妻子张兆和写信："写《龙朱》时因为要爱一个人，却无机会来爱，那作品中的女人便是我理想中的爱人。写《月下小景》时，你却在我身边了。前一篇男子聪明点，后一篇女子聪明点。我有了你，我相信这一生还会写得出许多更好的文章！有了爱，有了幸福，分给别人些爱与幸福，便自然而然会写得出好文章的。对于这些文章我不觉得骄傲，因为等于全是你的。没有你，也就没有这些文章了。而且是习作，时间还多呐。"

真是让人着急。真想钻进这些文字，摇醒这个沉浸在爱与幸福之中的乡下人，告诉他"不，不是这样的，赶紧写呀，你就快没有时间了，你就快什么都要失去"……但我当然无计可施，只能眼睁睁地，看着那小船晃晃悠悠，不疾不徐，驶向地狱。

**参考书目**

［奥］斯蒂芬·茨威格著，赵台安、赵振尧译：《异端的权利：卡斯特里奥反对加尔文史实》，生活·读书·新知三联书店，1986年。

［奥］斯蒂芬·茨威格著，舒昌善译：《昨日的世界：一个欧洲人的回忆》，生活·读书·新知三联书店，2014年。

［德］托马斯·曼著，钱鸿嘉译：《魔山》，上海译文出版社，2007年。

张新颖著：《沈从文的前半生》，上海三联书店，2018年。

# 加缪属于夏天

加缪(Albert Camus)诞辰一百周年时,出版社送了我一套《孤独与团结》的明信片,背面印着加缪那些和他本人一般动人的句子:"对未来真正的慷慨在于把一切都献给现在"(《反抗者》),"我觉得我过去曾经是幸福的,我现在仍然是幸福的"(《局外人》)。正面则是加缪的照片,其中最著名的那张被公认为神似亨弗莱·鲍嘉(Humphrey Bogart),加缪叼着烟,翻起毛呢大衣的领子,微微遮住耳朵,露出四分之三张脸。还有一张是加缪和妻子弗朗辛抱着他们的双生龙凤胎,加缪依然叼着烟,他手里的那个可能是女儿凯瑟琳。法国没有为加缪办什么纪念庆典,凯瑟琳说,这才是父亲想要的,他始终是一个局外人。《孤独与团结》这个名字来自加缪的一个短篇《约拿或工作中的艺术家》,小说中的艺术家临终时说出一个单词,但是旁人听不清楚他说的究竟是"孤独"(solitaire),还是"团结"

(solidaire),这也是加缪终生的困境。

看着这些照片很容易产生幻觉:谁会不爱加缪呢?英俊,勇敢,满怀柔情。然而事实并非如此,正如托尼·朱特在《责任的重负》(*The Burden of Responsibility*)里提到,二十世纪五十年代以后,加缪的声誉一直走下坡路,法国人普遍认为他已经多年没有推出真正的重量级作品,1959年在生平最后一次接受访谈时,极度孤独中的加缪说:"我不为任何人发言,为我自己都已是难上加难了。"1951年出版《反抗者》之后,加缪和曾经的挚友萨特一刀两断,萨特给他写信说:"如果您今天断绝了它(指二人之间的友谊),无疑是它应该被断绝。使我们接近的事多,使我们分离的事少,但是,这少仍嫌太多……"加缪给萨特的信则干脆这样开头:"致《现代》杂志主编……"在萨特和加缪结交之初,波伏娃甚至担心萨特爱上了他,因为萨特谈论加缪时的语气就像在谈论一个女人,他们的分手也像情人的决裂,因过于炽热痛苦,而再也无法挽回。

加缪和萨特其实有着相同的原点,即世界的本质本是不堪(加缪用的词是"荒谬",萨特用的词是"恶心"),然而他们却走向完全背道而驰的终点。这件事早在二人的政治分歧前就有征兆,1938年加缪给萨特的《恶心》写下评论:"有一类写作的错误在于相信这一点:生命是不幸的,所以生命可悲……宣告存在的荒谬性不能作为目的,它仅仅是一个起点而已。"对于萨特来说,因为存在本身恶心,所以这种恶心感将预示着生命是一场永恒的悲剧；但对于加缪来说，再也没有比西西弗推石头上山更加荒谬的命运，然而不要忘记，西西弗是一个幸福的人。

荒谬同样可以意味着幸福，这是加缪在小说《局外人》、戏剧《卡里古拉》和随笔集《西西弗神话》中重复论述的主题。加缪喜欢这样的三重复调，后来当他想论述"反抗"时，他同样写了一部小说《鼠疫》、一部戏剧《正义者》与一部随笔集《反抗者》。因为太赤裸地想用文学作品讲述哲学思考，即使是像我这样迷恋加缪的读者，也不得不承认，他的作品不能划为一流，他只是一个一流的人而已。

加缪的办公室里只有两幅肖像，一幅是托尔斯泰，一幅是陀思妥耶夫斯基。加缪把后者的《群魔》改编为话剧，《反抗者》也被视为和陀思妥耶夫斯基的《地下室手记》一头一尾，分别是存在主义的开篇和终结之作。但他从来没有写出过伊凡或者基里洛夫这样复杂的人物，托尔斯泰舒缓的叙事节奏，对人性和日常的复杂呈现，更是加缪从未能抵达的文学秘境，他总是太着急于写出生活的总结陈词，但生活岂能被那样轻易地归纳和总结。加缪有一些令人激动的火花，然而它们似乎始终仅仅作为火花而存在，比如阿伦特"平庸的恶"早在《正义者》中就已有所显现，剧中的卡利亚耶夫在暗杀大公后入狱，遇到苦役犯弗卡，弗卡说，绞死犯人的活都是由他来干，因为绞死一个，可以减掉一年徒刑，这是件便宜事儿。卡利亚耶夫说："他们为了饶恕你的罪行，又让你犯新的罪？"弗卡说："这不算犯罪，只是奉命行事。"

《反抗者》中对革命目的与手段的反思，也可以视为加缪向陀思妥耶夫斯基《群魔》的致敬，他反对用目的倒推手段的正义性，认为这样的革命只会带来暴政，"一切现代革命均导致国家的加强。1789年革命引来了拿破仑，1848年革命产生了拿破仑三世，1917年革命使斯大林掌权，二十年代意大利的动乱使墨索里尼上台，魏玛共和国招致希特勒的统治"。《反抗者》还提到真正的卡利亚耶夫（而不是《正义者》中他想象出来的那个）："卡利亚耶夫本人信仰上帝。萨万科夫在一次未遂的刺杀行动之前几分钟，人们在街上看到他站在一座圣像前面，一只手握着炸弹，另一只手在画十字。但他抛弃了教会。在处死前,他在牢房拒绝见神甫。"但是,对于革命的种种罪恶，有什么是陀思妥耶夫斯基还没有阐释清明的呢？左派知识分子们讽刺他是面向高中生写作的哲学家，加缪就只好辩解说，自己从未自视为哲学家，这句话他说过多次，听起来让人心酸。

后人谈及加缪与萨特时，习惯性把他们视为战后欧洲反共与拥共两大阵营的代表人物，仿佛两个人都在同样热切地介入政治且立场坚定。如果说萨特一生都是三四十年代就写出《恶心》和《苍蝇》的萨特，加缪对自我却没有那样确信。1944年在法国法西斯御用文人布拉西亚克案的审判期间，加缪和1952年的诺奖作家弗朗索瓦·莫里亚克（François Mauriac）

有过公开分歧,加缪曾经写道:"我一提正义,莫里亚克先生就谈仁爱。我反对宽恕,我们现在索求的惩罚是一种必需的正义,我们必须拒绝一种'神圣的仁爱'。"但是在布拉西亚克被判处死刑之后,加缪又在莫里亚克组织从宽处理的请愿书上签名,这个故事更有趣的是,几年之后,莫里亚克承认自己对宽容和特赦的呼吁有不成熟之处,而加缪则说:"莫里亚克先生是对的,我错了。"这才是真正的加缪,一个坦承自我将会推翻自我的人。后来在阿尔及利亚的问题上,加缪让人失望地并未对法国的殖民行为进行直接批评,托尼·朱特说,这是因为在这个问题上,加缪在个人知识、记忆和他对平等适用正义原则的追求之间真正陷入了进退维谷状态,"知识分子的责任不在于采取一个立场,而在于在不存在立场的地方拒绝采取立场。在这些情形里,沉默似乎是他最深层的情感的最佳写照"。如果再往前推五十年,梁启超在改良和革命两个问题上的游移可以与之类比。张灏在《梁启超与中国思想的过渡》中写道:"虽然1900年汉口起义瓦解后,梁停止了与革命派合作的尝试,但他在改良与革命这两个问题上尚无定见。就广泛的社会目标和人格理想来说,他十分明确未来中国需要什么,但在采取何种政治途径实现这些目标的问题上,他依然犹豫不定。"

犹犹豫豫的加缪就像是以赛亚·伯林多元论的践行者,他相信真理,然而他更相信这个世界上从来不存在一种真理,可以概括万事万物。有些人(比如萨特和波伏娃)可能会觉得这样的沉默与游离只能证明其软弱，但当政治狂热成为历史，我们清晰地看到，这个把正义与温情、勇气与软弱一同揽为自身重负的男人，远比其他过于自我笃定的人，代表了知识分子的荣誉。

加缪唯一毫不动摇的，是西西弗式的希望，这种希望不基于命运，不基于上帝，只基于人的反抗，人的自由。在《局外人》中，默尔索对生命的安排沉默以对，但在《鼠疫》中，里厄医生却已经明白在强大的瘟疫面前，所有的手段可能都毫无用处，然而"必须作这样或那样的斗争而不该屈膝投降……对此只有一个办法：与鼠疫作战。这个真理并不值得大书特书，它只不过是理所当然而已"，反抗不是为了胜利，反抗代表恐惧并未吞噬一切，自我依然存在且闪动微光。生命从来荒谬，邪恶永如瘟疫，但是加缪说了，人的身上，值得赞赏的东西总是多于应该蔑视的东西，加缪还说，这茫茫黑夜就是我的光明。1954年，加缪出版了《夏天集》，他在书里温柔地写下："在隆冬，我终于知道，我身上有一个不可战胜的夏天。"

加缪属于夏天。

**参考书目**

［法］阿尔贝·加缪著，吕永真译：《反抗者》，上海译文出版社，2013年。
［法］阿尔贝·加缪著，李玉民译：《正义者》，上海译文出版社，2013年。
［法］阿尔贝·加缪著，柳鸣九译：《局外人》，上海译文出版社，2013年。
［法］阿尔贝·加缪著，刘方译：《鼠疫》，上海译文出版社，2013年。
［法］阿尔贝·加缪著，沈志明译：《西西弗神话》，上海译文出版社，2013年。
［法］阿尔贝·加缪著，郭宏安译：《反与正·婚礼集·夏天集》，译林出版社，2011年。
［英］托尼·朱特著，章乐天译：《责任的重负：布鲁姆、加缪、阿隆和法国的20世纪》，中信出版社，2014年。
［美］张灏著，崔志海、葛夫平译：《梁启超与中国思想的过渡》，中央编译出版社，2016年。

# 耶路撒冷的艾希曼：一个守法者

1961年，为了前往耶路撒冷报道以色列政府审判前纳粹高官阿道夫·艾希曼，汉娜·阿伦特（Hannah Arendt）变更了自己的年度计划。作为一名犹太人，她没有亲眼看到过纽伦堡审判，在1960年10月给洛克菲勒财团的信中，阿伦特说，"我未曾见过活生生的这种人。这次恐怕对我来说，是唯一的机会"。六个月后，阿伦特见到了装在玻璃亭子之中的艾希曼，脸色苍白，神情倨傲，阿伦特后来写道，她对艾希曼的第一印象是"他一点也不粗野，也不是非人类的，也不是难以理解的"，总而言之，在阿伦特看来，身为纳粹对犹太人大屠杀中执行"最终方案"的主要负责者，以冷冰冰的缜密计划将数以百万计的犹太人送入毒气室的艾希曼，原来不过是一个正常人类。

并不是所有人都能轻易接受这一点，艾希曼受审时，法官不相信他的话，因为他们都无法接受一个"正常"人，会无法判断是非，会不知道自己所犯下的骇人罪行。但事实也许的确如此，六七位精神科医生都一致证实，艾希曼的精神状态正常，"艾希曼对妻儿、父母、兄弟姊妹、朋友的态度，不止正常，还堪为理想典范"。他对犹太人也应当谈不上仇恨，艾希曼的家族中有人有犹太血统，他自己很可能有一个犹太情妇，而与犹太人发生性行为，在当时是纳粹亲卫队员最严重的罪名。阿伦特对此的评论是"艾希曼的确很正常，他在纳粹政权中跟其他人完全没两样，然而，在纳粹帝国只有'例外'才会出现'正常'反应"。做一个"正常"的人，意味着你要对这荒谬邪恶的一切说一声"不"。

纳粹高官中绝非只有一个艾希曼。阿伦特写过艾希曼在庭审现场提到的一个纳粹少将，优秀、理性、受过良好教育，完全没有任何仇恨或沙文主义的想法，在维也纳，他还跟犹太人代表握手。但到了1941年的春天，"这位有教养的绅士奉命指挥特别行动队 A 分队，一年后，他自豪地向上级报告，该分队共枪杀处决二十五万犹太人"。而艾希曼自己，在之前见犹太人迈耶时，会称呼他为"先生"，但后来艾希曼将德国犹太人领袖召集到维也纳，艾希曼不准他们接近自己的办公桌，甚至不准犹太人坐下。在法庭上，法官和检察官一致认为，艾希曼升到具有实权的职位后，人格就此彻底改变。他的改变和信仰没有任何关系，除了"职责"这个词语，也很难认为艾希曼有什么真正的信仰，他加入纳粹的理由正如在法庭上所说，"就像突然被党吸进去,让大家很惊讶,加入之前也没有特别做什么决定,一切既突然又迅速"。据他自己所说,自己其实对这个毫无兴趣,他不知道纳粹党的党纲,也从来没有读过希特勒的《我的奋斗》。

在《极权主义的起源》《论革命》以及《人的条件》中,阿伦特反复分析了"根本恶"或者"极端恶"的概念,在她看来,极端的恶既不能惩罚,也不能许可。但这个概念在遇到艾希曼时无能为力,究竟是什么让一个人,在看起来一切"正常"时,却已经失去了支撑其成为一个"人"的理由。后来在和好友肖莱姆的通信中,阿伦特否认了"恶"的根本性,她认为恶只是一种单纯的极端的东西,"恶正犹如覆盖在毒菇表面霉菌那样繁衍,常会使整个世界毁灭。如前所述,'恶是不曾思维过的东西,……这就是恶的'平庸'。只有善才有深度,才是本质的"。"平庸的恶"(the banality of evil)这个词来自阿伦特的丈夫海因里希·布吕歇尔(Heinrich Blücher),海因里希总认为"恶"是一种"可笑的现象",阿伦特把这个后来广为人知的词语作为了《艾希曼在耶路撒冷》(*Eichmann in Jerusalem: A Report of the Banality of Evil*)的副标题,"一份关于平庸的恶的报告"。

电影《汉娜·阿伦特》里穿插了不少艾希曼受审时的现场录像,看的时候难免会产生阿伦特当年的疑惑,因为艾希曼看起来无害而懦弱,很难将"恶"这个词语加诸其上,他只是平静地反复表态:"我宣过誓要履行自己的职责。"当伦理昏迷成为一种常态,职责就变成行恶的外衣,1944年至1949年创办《政治》(Politics)杂志的德怀特·麦克唐纳(Dwight Macdonald)在一切刚刚结束的时候就说过:"现在我们必须提防的是守法者,而不是违法者。"

艾希曼正是这句话的最佳注脚,他习惯于生活在铁一般的法律与规则之下,喜欢在一个群体中隐身,失去这些,他并不感觉自由,只是恐惧。德国于1945年5月8日战败投降,艾希曼茫然地说:"从此没人会领导我,我得单枪匹马过日子,再也没有人会向我下指令,再也收不到命令或指示,没有任何条例可依循——换句话说,我从来没有这样活过。"正是这个生活中每一个细节都循规蹈矩遵从命令的人,以"最大的热情和无微不至的关怀",将数以百万计的犹太人送上开向死亡的列车。鲍曼(Zygmunt Bauman)在《现代性与大屠杀》(Modernity and the Holocaust)的结尾处说,"在一个理性与道德背道而驰的系统之内,人性就是最主要的失败者。邪恶巴望着大多数人在大多数时候不会轻率、卤莽地行事——反抗邪恶是轻率而卤莽的——它就可以开展它肮脏的工作。"

当邪恶正在有条不紊运行之时,它所需要的,正是艾希曼这样理性而客观的人。艾希曼认为自己是"客观"的,他用"管理"谈论集中营,用"经济"谈论灭绝营,在耶路撒冷的审判之中,艾希曼依然为自己的"客观"感到自豪,法庭上他当庭承认，如果上级命令他杀了自己的父亲，他也照样执行。1944年德国警察总长提出以一万辆卡车交换一百万名犹太人，艾希曼作为执行人说："我发起这个交易的原因绝非出于怜悯。"

艾希曼兢兢业业完成工作，将屠杀视为自己的事业，这是否意味着"良心"只是我们的幻觉呢？并非如此。在希特勒将对犹太人的政策从驱逐到关进集中营再升级为"最终解决方案"后，艾希曼前往卢布林考察毒气室，他无法直视那些设备，在想象执行时的画面时，他"突然觉得有点不舒服，好像受到很大的冲击"。但这种冲击很快过去，依照艾希曼的说法，让他不再感到有愧良心的最重要原因，其实很简单：那时他没看到任何人真正反对最终解决方案，完全没有。

在纳粹占领德国的十二年中，其政策一步步走向明显的反人类，然而党内的精英阶层很少出现杂音，高级亲卫队成员中更是几乎没有悖党行为，只有德国败局已定时，这些人才开始发出些微质疑，但就如阿伦特的判断："这股反纳粹情绪从未足以影响灭绝机器运作的脚步。"也就是说，在"别人都这样"的掩盖之下，每个人都轻易原谅甚至认可了自我当下的行为。早在阿伦特之前，勒庞在《乌合之众》中已经精确地描述了群体之中的个体是多么容易失去道德判断："孤立的个人很清楚，在孤身一人时，他不能焚烧宫殿或洗劫商店，即使受到这样做的诱惑，他也很容易抵制这种诱惑。但是在成为群体的一员时，他就会意识到人数赋予他的力量，这足以让他生出杀人劫掠的念头,并且会立刻屈从于这种诱惑。"一种最常见的说辞无非是"一个人怎么能和体制对抗呢",然后去忽视那最显而易见的现实:是你的参与造就了这个体制,而你并没有哪怕一丝一毫的反抗。

反抗意味着不可承受的代价吗?同样,事实并非如此。艾希曼曾说如果抗命,当时唯一的选择会是自杀,但他在说谎。在艾希曼向法庭提交的最后声明中,他承认自己可以找个借口退出,而且当时确实有其他人这样做,只是在艾希曼这样一个严格的守法者看来,这样的公然违抗命令"无法让人接受"。越来越多的研究还指出,当年希特勒试图用同样的毒气谋杀德国精神病患的计划之所以被中止,是因为在毒气室周围有居民和勇敢的基督教会人士公开抗议,但是当同样的计划用在看起来与己无关的犹太人身上时,这些反抗消失了,虽然有些集中营同样位于德国领土之中,周围也同样住着德国居民。犹太人自己也处于不反抗的沉默之中,艾希曼说,当年没有人抗议,也没有人拒绝合作。1943年,柏林一位犹太人评论当时的情况:"日复一日,这群人从这里出发,朝自己的葬礼前进。"拥有财富的犹太人试图证明自己是"特殊个案"和"优秀人民",以免于一死,或者成功地移民海外,但接受特权这件事背后最可怕的道德灾难在于,所有要求获得"例外"的犹太人,其实等于默许了这个规定。

在恐怖主义盛行之时,大多数人会选择服从,却也有些人,就是不愿屈从于内心的软弱，即使在纳粹最如日中天之时，德国同样有人密谋刺杀希特勒。同样的启示也可以在执行最终解决方案的国家中看到，这个方案"有可能发生"在大部分国家，但却并非所有国家都像波兰一样满怀热情地配合纳粹的罪恶，比如不起眼的小国保加利亚，没有一位犹太人遭到驱逐或者死于非命，无人能解释一个国家或者一个个人的勇气来自何处，但阿伦特说，这些事实确保了地球仍是适合人类居住的地方。

阿伦特在写作《艾希曼在耶路撒冷》时，拒绝那种一般的关于人类邪恶的本性、原罪和人类生而具有的"攻击性"等等的学说，而且还拒绝关于特定的德国国民性的学说，"我不想相信上述这些可能性——我认为在奥斯维辛，谁要行善，谁要行恶都是自己决定的"。艾希曼自认是康德的信徒，认为自己的行为原则只要与国内立法机构的原则相符即可，但他完全理解错了康德，康德相信运用我们的纯粹理性，可以为自己建立不受外部干涉的行为准则，而不是屈从于这些干涉。

作为康德真正的信徒，阿伦特甚至看不起以赛亚·伯林的消极自由论，因为她坚信自由必须和行动联系到一起，在《何为自由》中她说："只要人们行动，他们就是自由的（区别于他们所拥有的自由天赋）；自由既不在行动之前，也不在行动之后；因为成为自由的和去行动是一回事。"正是基于每个人都应承担自己的个体责任，在这本书的最后，阿伦特设想自己为艾希曼所作的判决词中，她反驳了艾希曼的种种狡辩，比如自己在最终解决方案中所做出的决定全是偶然，比如可能几乎每一个德国人都同样有罪，以此来证明每个人都没有罪。阿伦特说，这个结论看似顺理成章，但我们并不同意，即使八千万德国人都犯下与你相同的罪行，你同样不能为自己开脱。

《艾希曼在耶路撒冷》发表之后，阿伦特一直遭受质疑，犹太人普遍认为她是在为艾希曼不折不扣的反人类罪行开脱，也不断有新证据表明，艾希曼并非纳粹体制中一颗混混沌沌的螺丝钉，而是主动影响和参与了希特勒的种族灭绝战略。马克·里拉（Mark Lilla）在《阿伦特与艾希曼：新的真相》一文中提及，德国学者贝蒂娜·史丹格耐特（Bettina Stangneth）寻找到荷兰纳粹支持者威廉·扎森（Willem Sassen）对艾希曼的采访录音带，当中有他令人毛骨悚然的自白："谨慎的官员，是的，就是我……加入这类谨慎的官员，就是做一个狂热的战士，为我继承的血脉的自由而战斗……对我的人民来说好的一点是，对我来说，这是一个神圣的命令和神圣的法则……我必须坦白告诉你，要杀一千零三十万犹太人，我才能满意，我才能说，好，我们铲除了敌人……只有我们把世界上最狡猾的敌人铲除掉，我们才能完成对我们血脉和人民的使命，实现国家的自由……我还要谴责……真正的完全的消灭（犹太人）是不能完成的这样的想法……在这个我本可以、也本应该做得更多的位置上，真的，我是个不称职的人。"

不管如何，阿伦特创造了一个伟大的概念，即使艾希曼本人并非"艾希曼"式的官员,在半个世纪之后,"平庸的恶"依然可以阐释种种罪行,在这个满是艾希曼的世界。

**参考书目**

[美] 汉娜·鄂兰著,施奕如译:《平凡的邪恶:艾希曼耶路撒冷大审纪实》,玉山社,2013年。

[美] 汉娜·阿伦特著,安尼译:《艾希曼在耶路撒冷:一份关于平庸的恶的报告》,译林出版社,2017年。

[美] 汉娜·阿伦特著,林骧华译:《极权主义的起源》,译林出版社,2008年。

[美] 汉娜·阿伦特著,陈周旺译:《论革命》,译林出版社,2007年。

[美] 汉娜·阿伦特著,竺乾威译:《人的条件》,上海人民出版社,1999年。

[美] 伊丽莎白·扬-布鲁尔著,孙传钊译:《爱这个世界:阿伦特传》,江苏人民出版社,2012年。

[英] 齐格蒙·鲍曼著,杨渝东、史建华译:《现代性与大屠杀》,译林出版社,2011年。

[法] 古斯塔夫·勒庞著,冯克利译:《乌合之众:大众心理研究》,广西师范大学出版社,2007年。

# 我将永远不会忘记那个夜晚

埃利·威塞尔（Elie Wiesel）去世了，他的成名作《夜》（*Night*）销量超过一千万，却写得一般。

这样评价一部关于奥斯维辛的书，大概是过于轻佻了。但文字有一种天然平等，并不被题材决定阶层。威塞尔一生写了接近六十本书，是不折不扣的作家，1986年他被授予的却是诺贝尔和平奖，同一年获得诺贝尔文学奖的是尼日利亚剧作家渥里·索因卡（Wole Soyinka）。索因卡的书出过不少中文版，但少有读者提及，他三次入狱，还被缺席判处死刑，数次外逃，多年流亡海外，索因卡后来说过，为了写作，狱中他自制墨水，节约厕纸，因为阿赫玛托娃曾经对他说，"记忆是多么重要的事"。

这就是威塞尔和《夜》的价值，不因文学，而因记忆。在今天，奥斯维辛已经成为无需解释的词语，但在1958年，《夜》

第一次在法国出版时,世人对希特勒的疯狂不过一知半解,文学领域有一本《安妮日记》,也许还有一本普里莫·莱维(Primo Levi)的《这是不是个人》(*If This is a Man*),也就只有这些,奥斯维辛的焚尸炉青烟不散,世界却尚未知晓,已经遗忘。二十世纪五十年代,威塞尔的这本书稿被20个纽约出版商拒绝,因为"太凄惨了",在1960年威塞尔为《纽约时报书评》撰稿描写希特勒统治下犹太人的命运之前,"大屠杀"这个词甚至很少被使用,但幸亏威塞尔没有放弃记忆,幸亏更多人没有放弃记忆。

威塞尔自己也说,如果说在五六十年代,战前或二战期间出生的成年人对大屠杀表现出"一种无意识地、漫不经心的冷漠",但到了今天,大屠杀已经是西方通识教育的一部分,几乎所有出版社都会有计划地出版这一题材的作品。同样从奥斯维辛逃生的凯尔泰斯·伊姆雷获得2002年诺贝尔文学奖,电影作品更是井喷出现,当中大家最为熟悉的大概是《辛德勒名单》和《美丽人生》,连唯一一部获得普利策奖的漫画作品也是关于奥斯维辛——阿特·斯皮格曼(Art Spiegelman)的《鼠族》(*The Complete Maus*),漫画中德国人是猫,波兰人是猪,美国人是狗,法国人是蛙,英国人是鱼,吉普赛人是流浪的飞蛾,被一车皮一车皮拉往奥斯维辛的犹太人,自然是卑贱的老鼠。

在诺贝尔和平奖的获奖演说中,威塞尔说"回忆是一种高尚和必要的行为",他还说,在希伯来语中犹太新年又被称为

Yom Hazikaron，记忆之日，"在那天，即世界受审判的日子，人们呼求上帝记住：我们的救恩仰赖它……因此，拒绝记忆成了天谴，它将注定我们重复过去的灾难、过去的战争"。记忆同时赋予死者和生者尊严，是记忆，而非遗忘，促使和解成为可能，威塞尔获得诺贝尔和平奖最重要的游说团体——让人难以想象——是七十名德国议会会员。《夜》最早由意第绪语写成，名为《但世界沉默不语》，这本书之后的故事有力地证明，当世界沉默不语时，总得有人坚持在暗夜中发出声音，否则沉默将永远继续，和解的前提从来是真相，而真相来自记忆。

2013年，我去了一次华盛顿大屠杀纪念博物馆，博物馆的英文名中"大屠杀"使用的词语为holocaust，犹太人自己则习惯用希伯来语shoah，因为holocaust含有"献祭"之意，犹太人拒绝承认这场屠杀是把自己献祭给上帝。博物馆设计成集中营，走进去到处都是冰冷的钢铁支架，有一个圆形房间里点满蜡烛，四周铭刻《申命记》的经文，《申命记》中摩西给以色列人留下遗言，又和上帝立约，这里所选的经文大都是关于记忆，比如"我今日呼天唤地向你作见证，我将生死、祸福陈明在你面前"，以及"免得忘记你亲眼所看见的事，又免得你一生这事离开你的心，总要传给你的子子孙孙"。

博物馆里有一个特展，名为"丹尼尔的故事"，关于一个叫丹尼尔的犹太小男孩，怎样从平静的家庭生活一步步走入集中营。展览设计成一次旅程，游客沿着指示的方向前行，就能经历二十世纪四十年代的德国。周围先布置成丹尼尔最初的家，温馨的厨房，妈妈亲手做的饼干，诸如此类的东西。然后生活慢慢发生变化，犹太人必须佩戴黄色五角星，街上是专门给犹太人坐的黄色长椅。他们被驱赶进犹太人隔离区，这个时候的厨房只有锈迹斑斑的锅和水桶。最后他们坐上前往奥斯维辛的火车，丹尼尔和自己的妹妹、母亲分离，他再也没有见过她们。展览的出口处做了几个公用电话亭，你拿起话筒，里面有温柔女声告诉你丹尼尔故事的结局，他失去亲人，但活了下来。

也许这就是威塞尔的故事。威塞尔亲眼见到父亲因饥饿和殴打死去，母亲和妹妹则死在毒气室，只有两个姐姐和他一起幸存。《夜》的前面部分，正是写奥斯维辛的命运如何缓慢降临在他们头上：先是五角星，然后是隔离区，最后是必须离开隔离区，牲口一样被赶上火车，进入"劳动即自由"的集中营。他们本来有可能在德国人进入前移民巴勒斯坦，甚至事到临头，家里以前的仆人还哭着请求他们躲进她的村庄，但威塞尔的父亲拒绝了这些。这个故事有点像莱维在《元素周期表》（*The Periodic Table*）中写的，他们也可以抛弃所有的东西，逃到那些还开放的国家去，比如马达加斯加和洪都拉斯，"但这要很多钱和勇气——而我和家人及朋友们两样都缺乏"。事后嘲笑犹太人的愚蠢是容易的，但在当时，谁也没有想到，人类进入二十世纪，前方站立的不是文明与和平，而是毒气室和焚尸炉。

犹太人总是这样,唠唠叨叨不厌其烦地讲述自己的故事,而每个人的苦难其实都有相似细节,以至于在 1962 年,威塞尔出版了自己的第三本书,有记者对他的提问是:"你还打算沉湎于苦难多久?"到后来甚至有人说威塞尔这样的人,不过是"发大屠杀的财",但威塞尔一直"沉湎"下去,他后来几乎所有的著作都被认为是《夜》的展开。这大概因为犹太人总认为遗忘等于犯下不可饶恕的罪行,以色列政府上天入地追捕纳粹逃犯,终其一生都在做这件事的维森塔尔说:"这 50 年来我的所有工作的唯一价值,在于向明天的谋杀者发出警告:你们绝对不会逍遥法外。"他还说:"当我们到另一个世界,我们会面对数百万死在集中营里的犹太人。如果他们问你'你做了些什么'?可能答案会有很多……但是我会说:'我没有忘记你们。'"大屠杀纪念博物馆里有一个小书店,书架上密密麻麻的书统统是关于记忆,关于"我没有忘记你们",我认真看完每一本书的名字,里面只有一本书和中国记忆有关,那是张纯如的 *The Rape of Nanking*(《南京大屠杀》)。

在纽约的时候,我还见过一次刘震云,参加他在亚洲协会的一个小型读者见面会,实话实说,作为很多年前就读过《一地鸡毛》的读者,那次见面会让我很失望。读者都是中国人,刘震云的讲话就是一个接一个并不好笑的段子,好像面对中国人时必须要靠这些内容才能"活跃气氛",而进行真正严肃的文学和思想讨论却是好笑的。唯一的高潮大概是有读者提问作家收入的时候,刘震云也说,谈到钱大家都激动了。

几天后我又去纽约大学蹭免费的《一九四二》电影,那天刘震云也在现场,电影结束后有半个小时的互动时间。来了很多外国人,纽约大学的老师在边上做翻译,不知道是不是在另外一种语言中不容易害羞,那个几天前试图化身为郭德纲的刘震云突然变成了另外一个人,一个在我心中应该就是如此的人,一个和他的作品相配的人。他谈到从冯小刚看中小说《温故一九四二》到最后成为电影《一九四二》中间这十八年的艰辛,谈自己作为一个中国作家面对历史时,那种提醒自己不能忘记的焦虑和责任,所以必须将其写成故事。读《温故一九四二》时有个句子最让我痛苦:"一个不会揭竿而起只会在亲人间相互残食的民族,是没有任何希望的。"那天刘震云说了一句与其相对应的话,大意是:一个永远遗忘的民族是没有任何希望的。

关于记忆,我在自己的公众号推荐过一个私人书单,只有很少几本书。这些书展示了政治的罪恶,以及政治罪恶之下普通人的残忍,杨小凯在《牛鬼蛇神录》里写过,"联动分子"可以往地上吐一口痰,让出身不好的女同学用舌头舔干净。后来再读到《三体》,我完全理解刘慈欣为什么要把"文革"作为整体大背景,在这里,"任何超脱飞扬的思想都会砰然坠地的,现实的引力太沉重了"。徐贲在《人以什么理由来记忆》中写过,1946年,雅斯贝尔斯讨论每个德国人对纳粹极权都必须分别承担罪过，不是要责备普通德国人在牢门关闭以后再不能破门而出，而是要同他们一起追问，"我们是怎么一步一步走到再也无法破门而出的地步？"制止这件事再次发生也许有很多必须，但必须的第一步，是记住这件事曾经发生。

大屠杀纪念馆的墙上还印着《夜》中的一句话："我将永远不会忘记那个夜晚，在集中营的第一个夜晚。"威塞尔做到了，用《夜》和六十本书。犹太人做到了，用无数本书和无数部电影。苏联人在经历列宁和斯大林之后，有帕斯捷尔纳克、曼德尔施塔姆、布尔加科夫、索尔仁尼琴、布罗茨基、阿赫玛托娃……群星璀璨的长长名单。到了我们这里，作品寥寥，不知道为什么，吃过的苦，总是如此徒劳，换不回任何东西，一巴掌就是一巴掌，一生就是一生，一代人就是一代人，没有真正反省，也不产生艺术。


**参考书目**

［美］埃利·威塞尔著，袁筱一译：《夜》，南海出版公司，2014年。
［意］普里莫·莱维著，牟中原译：《元素周期表》，百花洲文艺出版社，2015年。
［美］阿特·斯皮格曼著，王之光译：《鼠族》，陕西师范大学出版社，2009年。
刘震云著：《温故一九四二》，人民文学出版社，2009年。
刘慈欣著：《三体》，重庆出版社，2008年。
徐贲著：《人以什么理由来记忆》，中央编译出版社，2016年。

# 凯尔泰斯和我们的无命运人生

不要!

凯尔泰斯·伊姆雷(Kertész Imre)用这两个字作为《给未出生的孩子做安息祷告》(*Kaddish for an Unborn Child*)的开篇。这是他"无命运三部曲"的最后一部,从1975年出版《无命运的人生》(*Fatelessness*)到1990年写出《给未出生的孩子做安息祷告》,贯穿三部曲的主人公柯韦什·久尔吉从一个十四岁就进入奥斯维辛的小男孩,一路渐渐衰老,变成一个潦倒的中年男作家,自己的第一部小说被出版商退稿(书中暗示这部小说正是《无命运的人生》),以翻译勉强维生,在他前妻第一次谈论是否要孩子的话题时,他"顿时、立即且毫不犹豫地"回答:"不要!"因为按照他的想象,终有一天孩子会叫道:"我不要做犹太人!"而在凯尔泰斯看来,孩子不愿做犹太人,这完全是可以想象而且也是可以理解的,"那样的话我便会因为无言以对而陷入窘境，是啊，我们怎能逼迫一个生命去做犹太人呢？"

凯尔泰斯总觉得自己是一个没有命运的人，"生命就是屈从"，他在自己的书里反复出现这句话，屈从于一种"没有命运"的命运——他既不懂希伯来文和意第绪语，也不信犹太教，更从来没有遵从过任何犹太习俗，却因为自己的犹太人身份在十四岁时被送入奥斯维辛，后来又被转入布痕瓦尔德。这段经历梦魇一般在凯尔泰斯的书里反复出现，以至于有批评家蔑视他的作品，认为他不过在不停重复自我，凯尔泰斯对此泰然处之。阿多诺说奥斯维辛之后不能写诗，他却认为奥斯维辛之后只能写奥斯维辛，因为没有比这更不可逃避的主题。

德国战败后不久，逃离纳粹统治的匈牙利又很快从一种极权走入另一种极权，让凯尔泰斯觉得这种没有命运的噩梦永不结束，"在我的一生中，可能从未有过那么一瞬间能让我感觉到这一生是完全属于我自己的"。在和德国作家阿德尔伯特·雷伊夫的谈话中，凯尔泰斯解释过"无命运"的含义："单一的人被定制化地剥夺了其固有的自由……所有的状态都是预先决定好的，外部的强迫使人充当已准备好的角色。"这种强迫感一直跟随凯尔泰斯，他总觉得一直在按照命运偶尔分给他的零星碎片过日子，这让他有卡夫卡式的命运感慨："判决不是一夜之间形成的，诉讼则逐渐过渡到判决。"

《无命运的人生》是一个关于命运的简单故事：十四岁的小男孩柯韦什·久尔吉有一天去工厂上班（纳粹把十五岁左右的孩子们召去工作），公共汽车在路上被警察拦了下来，开始没人知道这意味着什么，连警察自己都是无所事事等待"命令"。等到下午四点，命令或者说命运终于到来，他们被推上火车，送往了奥斯维辛。柯韦什·久尔吉在奥斯维辛其实只待了三天，然后被转到另外一个著名的集中营布痕瓦尔德，布痕瓦尔德让他感到满意，因为这里的面包定量是三分之一只，有时候还能有二分之一只，而奥斯维辛只有四分之一。在短暂的适应期过去之后，集中营中依然有那些幸福的时刻，比如每晚下班之后，犹太人躺在由箱子堆成的床铺上交谈，谈过去，谈未来，谈自由，有人低声唱歌，拉比穿着囚服在昏黄的烛光下喃喃祈祷，柯韦什在这让人幸福的场景中沉沉睡去，即使床铺狭小到邻居翻身的时候，自己就必须跟着翻身，他却依然有梦，"那真是一段金色的时光"。

　　正是因为自己经历过这难以用理性解释的一切，凯尔泰斯讨厌斯皮尔伯格的《辛德勒名单》，认为电影的最后把活着走出奥斯维辛的犹太人视为"幸存者"是一种彻底错误，他喜欢贝尼尼的《美丽人生》，喜欢那种温情幽默和残酷恐惧在奥斯维辛里并行不悖的真实状态，电影的最后是小男孩在妈妈怀里高喊"我们赢了！"在凯尔泰斯看来，奥斯维辛没有幸存者，奥斯维辛里更没有人赢了，但是奥斯维辛里也有幸福。

是的，幸福，让人难以想象这个词语可以被放置在集中营之后。凯尔泰斯在这本书结尾里说："幸福如同某种绕不开的陷阱似的正在我的人生道路上窥伺着我，因为即使是在那里，在那些烟囱旁边，在痛苦的间隙中，也有过某种与幸福相似的东西……对于我来说，也许只有这种体验才是最难以忘怀的。是的，下次，如果人家再问我的话，我应当给他们讲讲这一点，即集中营里的幸福。"在2002年的诺贝尔文学奖演说词中，凯尔泰斯讲到一个故事，有一次他看到由当时的党卫军士兵拍摄的人们到达比克瑙火车站时的照片（这个火车站位于比克瑙集中营的所在地），"那些漂亮女人们的脸上带着微笑，年轻人的眼睛中充满了喜悦，每个人都是那么兴奋，完全是一种积极配合的态度"。从这些照片里，凯尔泰斯明白那种关于集中营幸福的回忆，在今后的时间中将因为羞愧而被刻意淡化，而在火车站等待的这二十分钟，让他看到了人的本性是如何转变成对抗他自己的生命的。

说到底，所谓"无命运的人生"无非是关于自我的奴性与软弱。在他们等待着被带往集中营的那一天里，只有一个警察看着几十个犹太人，没有人想过反抗，哪怕这种反抗在当下看起来几乎是绝对安全的，他们只是百无聊赖地站在那里，等待自己的命运，而命运指向了奥斯维辛。在集中营中，只有三个犹太人试图逃走，三个拉脱维亚人，其他人听到他们准备逃亡的消息，有人好奇，有人想过效仿，但在最初的躁动之后，"我们所有的人都对他们感到相当气愤"。凯尔泰斯没有解释这种气愤的理由，但这是可以想见的，三个人的勇敢让所有人不得不正视自己的懦弱，这刺痛了每个人的自尊心。最后这三个人当然还是没有逃出去，他们被处以绞刑，但他们是仅有的在精神层面逃离了奥斯维辛的人。

犹太人对自己民族在大屠杀时展现的集体性软弱有诸多痛苦反思。华盛顿的大屠杀博物馆里有专门位置展示当年的犹太人抵抗运动，比如1943年的华沙犹太区起义，但在六百万被屠杀的犹太人中，反抗的数字毫无疑问是让人羞愧的，更多的时候，两个德国士兵拿着两把步枪，就能将几百名犹太人杀害殆尽。还有犹太委员会在大屠杀中扮演的角色，汉娜·阿伦特因为在《艾希曼在耶路撒冷》中揭露这一历史被犹太人集体反对，鲍曼《现代性与大屠杀》的第五章名为《诱使受害者合作》，主要就是讲述这一问题，"被害群体被吞没在整个权力结构里，又在其中广泛地承担了一系列任务和职责"。

奥斯维辛的悲剧到底应当归责于谁？凯尔泰斯对上帝明显不屑，因为上帝创造了人类，人类创造了奥斯维辛，"如果说上帝确实是个被人颂扬的父亲，那么他就是在奥斯维辛的形象里向我显现了他的尊容"。德国作家埃德加·希尔森拉特的《纳粹与理发师》结尾，是"我"和上帝（至高无上的永生者）对话，"我"反复问作为法官的上帝：当时你在哪儿？你在哪儿？

当那些手无寸铁的人被杀的时候,你在哪儿?上帝最后只能说:我不能做你的法官。他从法官席上下来,和"我"一起等待一个公正的判决,但是谁来完成这次判决呢?这本书的德文版删去了最后"我"与上帝的对话,因为在德国的文化氛围之下,出版商担心读者据此将人为灾难归结为上帝的无能,从而逃避个人反思、推卸个人责任,直到今天,这本书的德文版仍然没有这段对话。

如果上帝不能完全代表命运,我更相信鲍曼在《现代性与大屠杀》里引用的那句希尔博格:"'命运'在于迫害者和受害人之间的互动。"或者拉罗什富科所说:"命运显示出我们的德性和恶性,就像光线显示出各种物体。"有一年我在公交车上看昂山素季获释后的演讲,一时间有难以描述的感动:"我们缅甸人,无论遇到什么事都会轻易地认为'这就是命运'。我也不止一次和年轻人们谈论过。你们真的知道所谓命运一词的含义吗?行动是命运的基石。无论你再怎么强调'命运',也不外乎是你自己行为的使然。"

也许每个人都逃不开这样的自我诘问——当我们的人生看起来是被命运安排为无命运之时,我们是否可以"顿时、立即且毫不犹豫地"回答:

不要!

# 参考书目

[匈]凯尔泰斯·伊姆雷著,许衍艺译:《无命运的人生》,上海译文出版社,2003年。

[匈]凯尔泰斯·伊姆雷著,宋健飞译:《给未出生的孩子做安息祷告》,上海译文出版社,2005年。

[匈]凯尔泰斯·伊姆雷著,卫茂平译:《惨败》,上海译文出版社,2005年。

[匈]凯尔泰斯·伊姆雷著,余泽民译:《船夫日记》,广西师范大学出版社,2015年。

[英]齐格蒙·鲍曼著,杨渝东、史建华译:《现代性与大屠杀》,译林出版社,2011年。

[德]埃德加·希尔森拉特著,安尼译:《纳粹与理发师》,译林出版社,2011年。

## 摇摆的记忆

《记忆小屋》（*The Memory Chalet*）是托尼·朱特（Tony Judt）的最后一本书，口述这本书时他已经得了肌肉萎缩性脊髓侧索硬化症（ALS）。那时候还没有"冰桶挑战"，知道这种残酷疾病的人不多，托尼·朱特在书中用《夜》介绍了病中的自己，语气平淡，略有调侃，"由于不能用手臂，我无法挠痒、扶眼镜、剔牙，或进行任何一项我们每天都要——不假思索地——做无数遍的事。即便是乐观地说，我也已经是个彻头彻尾依赖陌生人（以及其他任何人）的好意而活着的人了"。那些最让人难过的文字，大抵都是作者写下的时候并非想让你难过，在这一篇之后，托尼·朱特几乎不再提及自己的身体，这本书充满感伤，却并没有将死之人的暮气，阅读时还难免会被戳到笑点，比如他说祖母的厨艺，"所有与她狭路相逢的绿叶菜，都会被她一一用煮锅折磨致死"，再比如写到法国高中生想要进入巴黎高师,得以海量填塞的方式学习,然后托尼·朱特打了个括弧:(一群鹅的画面跃然眼前)。

利玛窦说每个人都可独力打造专属自己的记忆宫殿,但托尼·朱特不喜欢"宫殿"带来的奢靡感,他选择构筑一座小屋,因为这可以让他把握住小屋的每一个细节,从门阶边覆雪的扶手,到为阻挡瓦莱的风而加设的内窗。病中难以动弹哪怕一根手指头之时,他在每个月每个礼拜的每天晚上都会重返小屋,"穿过那些熟悉的短廊,踏过它们旧损的石阶,并在两三把恰好无人的扶手椅中的一把上坐定"。小屋从空荡渐渐变为拥挤,装进他童年时候钟爱的伦敦绿线巴士,十八岁在以色列集体农庄里种植香蕉的闷热夏天,他越发乏味的第一次婚姻,他鼓起勇气邀请二年级研究生观看无聊话剧,这个有着明亮双眼的芭蕾舞者成为他第二任妻子。

很少作家能逃得过回忆人生的诱惑,有些人一生的创作也不过是在回忆一生。但记忆并非像叙述者那样笃定顺服,它永远处在虚构与非虚构之间的微妙地带,布罗茨基在《小于一》的第一句话就是:回忆往昔的企图,和探究存在之意义的尝试一样,终将归于失败。这两种努力都让人觉得像一个去抓篮球的婴儿,他的手掌总是要滑脱的。然而布罗茨基依然试图抓起往昔的篮球,在滑脱之前,他记录下教室墙壁上领导人的画像,彼得堡无尽的铅灰色河流,用《真理报》也无法遮住的一片苏维埃废墟。这些场景在文字中得以永恒,却并不负责提供完整真相，布罗茨基早就看出来，记忆背叛每个人，它太过任性，你甚至不知道自己将会记得什么。

略萨写《情爱笔记》时，在扉页中引用蒙田名言："我根据我的想象力来记录我的生活。"后来他在《谎言中的真实》里，又引用西班牙诗人巴耶·英科兰："事物并非像我们所看到的那样，而是像我们所记忆的那样。"略萨以自己和前妻的故事写出《胡利娅姨妈与作家》，觉得自己被回忆污蔑的前妻也写出一本《作家与胡利娅姨妈》，但是后来略萨得了诺贝尔文学奖，历史很可能会偏向前一本书，这场喜剧就如同村上春树在《1Q84》里的感慨："世界这个东西，就是一种记忆和相反的另一种记忆永无休止的斗争。"在记忆和记忆战斗的地方，唯有幸存者占领历史，插上经过他们认证的真相的旗帜。

"幸存者"这个词来自朱利安·巴恩斯（Julian Barnes）前两年得布克奖的作品《终结的感觉》（*The Sense of an Ending*），如果不想剧透，就只能含糊不清地说：整本书讲述了一个悲剧，肇事者却对此浑然不觉，因为他无意丢失了记忆中那些关键性小碎片，当最后拼图完成，连他自己也不敢相信。《终结的感觉》开头就是"我记得，虽然次序不定"，巴恩斯一鼓作气列举的那些记忆片段：手腕内侧闪闪发光、滚烫的平底锅让水槽里蒸汽升腾、一团团精子环绕水池、一条河莫名逆流而上、另一条河宽阔而黑暗、上了锁的门后冰冷已久的浴水……但在书的最后，这些记忆逐步被修正，我们以为忘记的只是次序，却不知道记忆本身也是千差万错。巴恩斯试图用一本190页的小书探索记忆的不可靠以及由此带来历史的不可靠，当人生见证者日渐减少，确凿的证据也慢慢消失，只有幸存者可以向别人讲述一切，历史并非胜利者的谎言，"不可靠的记忆与不充分的材料相遇所产生的确定性就是历史"，"历史其实是那些幸存者的记忆，他们既称不上胜者，也算不得败寇"。

托尼·朱特是犹太人，《记忆小屋》中的《托尼》一篇可视为他对犹太身份的自陈，他不承认任何一个拉比的权威，不参与任何犹太团体活动，不行任何犹太教仪式，也从不刻意只与犹太人交往，两次婚姻都不是和犹太女人，他也不爱以色列，但只要被问及是否是犹太人，他总毫不犹豫地肯定，"不然反而会觉得可耻"。在托尼·朱特看来，在犹太教拉比的训诫中，真正最持久也最独特的一句是："Zakhor!"——记住！然而他又感慨，多数犹太人虽然听话，却不知这句话具体对他们作何要求，"我们便只是一个记住了……某种东西的民族"。身为犹太人到底应该记住什么？大屠杀几乎是脱口而出也永远正确的回答。

托尼·朱特不喜欢这种脱口而出，他认为这是将祭奠的手段和目的混同，也是对记忆的滥用，难道一个人之所以是犹太人，只是因为希特勒曾煞费苦心杀掉六百万同类？他甚至负气地说，如果没有希特勒，也许犹太教已经消亡了，因为犹太人将会变成欧洲人。这就是记忆的奇幻之处，当我们选择用记忆叙述自我时，不仅是重现过去，更是构筑当下与将来，个人如此，民族与国家同样如此。正如前面所说，历史是幸存者的记忆，但如果幸存者仅仅沉溺于从迫害中幸存的记忆，却也是将自我存在钉在他者的坐标系上，这是托尼·朱特不能接受的屈辱。如同个人不能永远在记忆中活着，集体的根基也不能仅凭记忆来担当。

托尼·朱特的记忆结束于最后一篇《魔山》，他眷恋地回忆童年时和父母去瑞士的小镇缪伦度假，2002 年又在一个月的重度化疗后带着家人重回缪伦，那里有一条勉强称得上是路的小道，紧挨着小火车开过的铁路。他在贫瘠的战后出生于伦敦，在剑桥大学国王学院和巴黎高等师范学校读书，最后来到纽约，是一个彻头彻尾的精英主义者。托尼·朱特说从没将自己视作在哪里扎下过根的人，"我们凭机缘在一处而不在别处降生，又从一个地方渡到另一个地方，如此漂泊一生——至少我的情况是如此。……我们无法选择人生在何处启程，却可以选择于何处结尾。我知道我的选择：我要乘坐那辆小火车，无所谓终点，就这样一直坐下去"。在最后一次登上魔山的八年后，托尼·朱特死于纽约格林尼治村的家中，他不是幸存者，却也留下这座记忆小屋，辛波斯卡有一句诗："摇摆的记忆屈服于无可动摇的日期。"死亡就是这个无可动摇的日期，它关上小屋的门窗，等待历史中他人的记忆。

参考书目

［英］托尼·朱特著，何静芝译：《记忆小屋》，商务印书馆，2013年。
［美］布罗茨基著，黄灿然译：《小于一》，浙江文艺出版社，2014年。
［英］朱利安·巴恩斯著，郭国良译：《终结的感觉》，译林出版社，2012年。
［秘鲁］巴尔加斯·略萨著，赵德明译：《谎言中的真实：巴尔加斯·略萨谈
　　创作》，云南人民出版社，1997年。

# 你今天吃了"穆尔提-丙"药丸吗?

1951年,米沃什(Czeslaw Milosz)从波兰驻法大使馆文化参赞的位置上离职出走,走上他曾以为自己可以逃避的流亡之路。第二年,他在巴黎郊区小镇梅宗拉斐特写出《被禁锢的头脑》(*The Captive Mind*),一本被认为最早描述二十世纪极权主义对知识分子意识奴役的著作,在此之前米沃什是一个彻底的诗人,连随笔都没有写过几篇,他觉得自己其实早就创作了《被禁锢的头脑》,不过用的是韵文,那是写于1947年的《道德诗篇》。

《被禁锢的头脑》文体和内容一样含混不清,充满可以多重解读的模糊地带,它同时是思想性著作、散文以及小说,出版商犹豫良久才将其划为文学类。一开始没有多少人重视这本书,流亡之后长达九年,美国政府都拒绝给他签证,1960年加州大学伯克利分校邀请他去讲授波兰文学,但这本书给他带来了不少阻力，因为不少美国知识分子认为他在替左派辩护，同时隐秘地宣扬共产主义。但最终它成为米沃什被阅读最广的作品，后来有人告诉米沃什，读者以盗版的方式，用印刷《圣经》的纸张出版《被禁锢的头脑》，然后系上气球，将这些书飘到波兰。

作为一个勇敢离开极权并且讲出极权之下知识分子精神真相的人，米沃什并没有索尔仁尼琴般自我英雄化的悲壮感，相反他一直为此忐忑不安，四十五年后他写《米沃什词典》（*Milosz's ABC's*），还提到在与华沙政府决裂并写出《被禁锢的头脑》时，"我还是强烈地感到我干了一件不体面的事。我破坏了每一个人都接受的游戏规则，甚至可以说，我践踏了某种神圣的东西，我是在亵渎。"写作这本书时正是欧洲的共产主义狂热期，身在巴黎的米沃什只觉得孤独，"我没有任何道德优越感来捍卫我自己，因为一个亵渎者被从社会团体中驱逐出去时不会享受到任何乐趣"。

米沃什敬慕那些"笔直的树"，因为他从来认为自己已经弯曲了，这本书的名字首先来自英语的 Captive Mind，动词"禁锢"在波兰语中除了"使信服"之外，还有一个很少用到的含义"被奴役"。简单地说，《被禁锢的头脑》写的是被奴役的波兰知识分子，即米沃什所熟悉的那些作家、诗人、画家，在米沃什看来，艺术与某种遗传缺陷、某种无能、异常或疾病之间的关联几乎是明确无疑的，这些人都是弯曲的树，而米沃什自己也身处这片弯曲的森林之中。他不是党员,也极为反感斯大林主义,却成为波兰的外交官员,先后就职于华盛顿大使馆和巴黎大使馆,米沃什一直以为自己可以在外部环境与内心自由之间取得一种平衡,他试图说服自己:我是一名诗人,我需要用祖国的语言写作,我的读者在祖国,我需要在国内出版诗集,我不能流亡。他曾经成功过,却最终放弃了这种自我精神麻痹,他说,这就像有人在理智上被说服吞下活生生的青蛙有利于健康,他吞了第一只、第二只,但在第三只时终于大倒胃口。

在《被禁锢的头脑》英文版序中,米沃什非常精确地描述了生活在极权之下的那种混沌状态:"在那些年代,我感到自己是这样一个人,他有足够的自由活动空间,但身后仍拖着一条长链,这个链条总是把他钉在一个地方。"米沃什写过自己精神生活的一个转折点,1949 年他作为波兰驻美国外交官回到华沙,参加一个聚会,他们喝酒跳舞,直到凌晨四点才出门回家。夏天的夜晚很凉,米沃什看到了几辆满载着犯人的吉普车。在场的士兵和守卫穿着两层的军大衣,而那些囚犯们身穿夹克,冻得浑身哆嗦,"那时我明白了我是谁的帮凶"。这种曾经身为帮凶的羞耻感终身跟随着米沃什,所以之后他在《一个装镜子的画廊·第二十九页》写道:"你最好学会喜欢你的羞耻因为它会跟你在一起。它不会走掉即使你改换了国家和姓名。"

《被禁锢的头脑》里写了四个人,米沃什用希腊字母顺序作为他们化名，阿尔法、贝塔、伽玛和戴尔塔（编辑在书后附上了四人的原型），四个人同属于开篇后不久米沃什所论述的"凯特曼"知识分子，即伪装自己的知识分子。大概深受其辱，"伪装"几乎成为米沃什最厌恶的状态，同样在上面那首诗里，他还写道："耻于供宰割的心。耻于献媚的热忱。耻于机巧的伪装。耻于平原上的土路和被砍倒当柴烧的树木……你时刻受到耻辱。"米沃什坦承自己曾经参与过玩这种游戏：妥协让步，对外公开表明自己的效忠，为了维护某些价值实施一些计谋，采取一些复杂的步骤。但到了最后，他拒绝再让这种伪装的游戏操控自己，这就是他与自己的知识分子同行们不同的地方，他承认自己内心的软弱，却没有和这种软弱达成最终和解。

阿尔法从一个真诚的天主教信仰作家变成并不那么真诚的左派作家，他先是伪装，继而逐步屈从于新信仰，因为"要么突然反抗从而跌入社会的最底层，要么就走进党为他们敞开的大门"。贝塔也是作家，看起来伪装得极为成功，热烈投入于现实主义创作，却最终自杀。伽玛是党的高层，一个审查别的作家们的作家，米沃什认为他是把灵魂卖给魔鬼的人。戴尔塔曾经是排犹分子，后来被政权收编，因为对政府而言，这种曾经是极右追随者的诗人比那些过分积极的左派诗人更为有用。

我们应当对四个人都感到熟悉：每个人都在他人面前伪装，彼此清楚大家都在逢场作戏，但每个人都为此沾沾自喜，以为自己既保证了安全，又在内心保存了所谓"真正的自我"。但是米沃什戳破了这个谎言，因为伪装最终将会成为我们生命的一部分，"假如一个人明知自己在演戏并长时间进行这种有意识的表演，他的性格就逐渐变成他所扮演的角色，而且越演越起劲……人在经过长时间与自己所扮演的角色磨合之后，就会与该角色紧密地融为一体，以至于后来连他本人都很难区别哪个是他真正的自己，哪个是他扮演的角色"。米沃什讲过一个故事，他走在一条波兰的村路上，看见几只鸭子在污泥塘里洗澡，而附近就有一条流过赤杨林的可爱的小河，米沃什吃了一惊，"为什么它们不到小河里去呢？"他问一位坐在小屋前木凳上的老农，回答是："哼，要是它们知道就好了！"在米沃什看来，这就是自我长久陷入伪装的必然结果，到最后，我们忘记自我，忘记那条清澈小河，而甘心生活于谎言的污泥之中。

在《被禁锢的头脑》第一章，米沃什引用了一篇不大为人所知的作品，波兰作家维特凯维奇（Stanislaw Ignacy Witkiewicz）的长篇小说《永不满足》（*Insatiability*），小说里的人只要吃一种名为"穆尔提-丙"的药丸，就会感到安详和幸福，忘记现实世界是如此空虚与荒谬。在小说的最后，所有人都吃下了这种药丸，却都得了神经分裂症，因为在内心深处，一个人无法真正忘记旧的道德与美学标准。

米沃什曾经想象过别人怎么看待自己：不可思议的狡诈。自我陶醉。爱钱。没有一丝一毫的爱国情感。对祖国冷漠于心。卖国只卖个手提箱的价。衰弱无能。一个关心艺术而不关心人民的唯美派。可收买的人。失算者（他写了《被禁锢的头脑》）。不道德的个人生活（他追逐利用女人）。蔑视他人。傲慢自大。但是无论如何，他是一个不肯吞下"穆尔提-丙"药丸的人，他是一个要真实痛苦而非虚妄幸福的人。生活在当下，我们不能忘记一直追问自己：你今天吃了"穆尔提-丙"药丸吗？

**参考书目**

［波兰］切斯瓦夫·米沃什著，乌兰、易丽君译：《被禁锢的头脑》，广西师范大学出版社，2013年。

［波兰］切斯瓦夫·米沃什著，西川、北塔译：《米沃什词典》，生活·读书·新知三联书店，2004年。

# 诺曼·马内阿:每个阵营的局外人

1

我在纽约重读了一遍诺曼·马内阿(Norman Manea)的《流氓的归来》(*The Hooligan's Return*),这些文字在过去几年中我多次重读,却突然被这个城市赋予了新的生命。如果站在百老汇大街和阿姆斯特丹大街的十字路口,就会看到马内阿写下的一切:"瑞特救护药房、平民知识分子的咖啡馆(星巴克)、巴基斯坦人的报摊、印度人的香烟铺、墨西哥餐馆、女服装店,朝鲜人的小超市:大筐的水果和鲜花、西瓜和椰子、黑红绿色的李子、墨西哥产的芒果和海地产的芒果……"马内阿不厌其烦列举这些最平常不过的人间场景,夸张地称之为"天堂"。突然警报响了,五辆消防车,像是金属堡垒,带着嘶鸣和喇叭声,行进在街上,连天堂中也有火灾,马内阿说。

我不会嘲笑马内阿对"天堂"的定义。1936年他出生于罗马尼亚的布科维纳省，作为犹太人，1941年他和全家一起被遣送到乌克兰的集中营，1945年春回到罗马尼亚。在祖国生活了四十一年后，他在1986年再次离开故土，先去柏林，再到美国，从此定居下来，作为流亡者。在这本书的最后，马内阿在第一次返乡后回到纽约，把记录行程的蓝色笔记本掉在了汉莎航空的飞机上，他被告知没有找到失物的希望了，但如果发生了奇迹，它将被送到他家，而他的家，"当然是在纽约。是的，上西区，曼哈顿"。

《流氓的归来》在2006年获得美第奇外国小说奖，这是马内阿最重要的一本书，当中蕴藏着理解他其他作品的密码。1997年4月21日到5月2日，马内阿在流亡十年后回到罗马尼亚，万事万物都围绕着这十二天发生扭曲，吞吐出种种记忆，关于苦难、尊严、虚无、青年时代对共产主义的真诚信仰、家族秘密（母亲曾经离过婚）、甚至自私的情欲（和老情人在婴儿旁边通奸，事后却没有给对方哪怕一个电话），他人生的一切。

《流氓的归来》叙述时间和空间不断发生跳转，你得努力辨析这些关键性瞬间：1997年在纽约的巴内绿草（一家犹太餐馆，马内阿在书中提到自己和美国作家菲利普·罗斯共进午餐）、1986年离开罗马尼亚的生日晚会（一个月前他在"布卢姆日"，即6月16日申请了前往柏林的签证，布卢姆是乔伊斯作品《尤利西斯》的主角，马内阿用尤利西斯的命运喻意自身流亡)、1988年在柏林申请美国签证(1月20日,马内阿称其为D日,决定性的日子)、1933年7月21日(马内阿的父母在罗马尼亚小镇法尔提西尼的公交车站相遇)、1945年4月18日马内阿和父母从乌克兰集中营被遣返回法尔提西尼(警察机关给父亲办理了临时身份证,但他们没有其他有关驱逐的文件证明)、1986年身在布加勒斯特(母亲几乎瞎了,坐在家中回忆家族历史)、1958年在佩日普拉瓦(去劳改营探望父亲,他因为一个圈套被捕)、1997年4月21日回到布加勒斯特的第一天(下午3点入住洲际饭店,这里以前是罗马尼亚安全部的分支机构,外国人管理处,现在他自己成为了外国人)……时空与时空的转换毫无预警,叙述语言又宛如呓语,马内阿并非有意为读者阅读制造障碍,而是似乎他自己就身处命运的多重梦境。

马内阿很容易被拿来和同为罗马尼亚作家的赫塔·米勒比较,两人都书写极权罪恶,都在东欧剧变之前离开了祖国,都是罗马尼亚少有享有一定世界声誉的作家。但马内阿坚持以读者稀少的罗马尼亚语写作(这甚至导致了翻译的困难,《黑信封》中文版由英文版翻译,马内阿的另一本小说《巢》则是译自法语),不愿脱离母语,是因为他在虚空之中,曾希望可以将自己的囚禁定义为自由,想象自己是一种语言而非一个国度的居民,即肉身在流亡之时,却能在语言中回归故土。1969年马内阿终于在罗马尼亚出版第一本书,这让他在令人窒息的政治空气中感到自由:"我终于找到了我真正的家。语言所带来的不仅是重生,而且还有一种合法化的形式、真正的公民身份,以及真正的归属感。从这个最终的避难之地被放逐将是最残忍的毁灭形式,将触动我的存在的本质。"

此外,赫塔·米勒几乎所有作品都聚焦于对极权主义的批判,但马内阿的文字更加混沌而难以定义,他陈述制度的罪恶,却也坦承个人在极权崩溃之后坠入虚无。在《流氓的归来》中,他忍不住反复描述苦难,却又多次表示对"受害者"这一标签的抵触,比如他提到自己的父亲,说他可以接受死亡,但不能接受羞辱,在集中营四处蔓延的阿司匹林和面包的黑市交易,而且包括感情的黑市交易,都让父亲感到恶心,"同样令他厌恶的还有那些决心不惜一切代价将自己从压迫者的暴行下解救出来的受害者的暴行。怪物刽子手培养出怪物受害者,他常用他那温和但坚定的声音重复说"。马内阿悲哀地发现,在实用主义的世界里苦难已经被平凡化,"周四的暴行已变成了周五T恤衫上的格言来源,一种立即可用于销售的集体记忆的产品",与其如此,不如保留尊严。

在回罗马尼亚的第一天,当地电视台打电话想采访他,马内阿拒绝了:"我谈些什么呢——特兰尼斯特里亚、佩日普拉瓦、伊利亚德、我作为一位流亡作家的成功?不,我应该坚持立场。"马内阿还提到昆德拉的一个故事:在对家乡进行过几次秘密探访之后,1989年之后,昆德拉终于接受了一次官方邀请，前去接受一个将使祖国与其著名的游子达成和解的奖项。可是，就在仪式开始之前，昆德拉突然觉得他无法出席，他把自己像个困兽一样锁在旅馆房间里，从电视上观看仪式的进程，由他的妻子代表他接受荣誉。另外，昆德拉和赫塔·米勒一样，放弃母语，他后来最重要的作品都是以法语写出，昆德拉在自己的小说《帷幕》中也提到，不用主流语言来写作的作家，很难进入主流文学界。从这个意义上来说，马内阿虽然屡次获得国际大奖（包括意大利诺尼诺奖、美国犹太图书奖、西班牙最佳外文著作奖、美国麦克阿瑟天才奖等等），他却始终未能在读者层面进入真正的主流。我和一个学文学的美国朋友谈论起马内阿时，他很惊讶地说："我不认为身边会有什么美国人读一个罗马尼亚作家的作品。"

诺贝尔文学奖也最终选择了更清晰地以受害者和批判者身份出现的赫塔·米勒，《流氓的归来》里提到，1997年马内阿的出版商想为他申请索罗斯基金会的出版补贴，为了提高成功率，她使用了美国式的激励手段："罗马尼亚未来的诺贝尔奖金获得者！戴桂冠者与他的祖国的和解！"但对方最后拒绝了这一申请。

正如《论小丑》中马内阿反复使用的自我定位，他是每个阵营里的局外人。对自己永远边缘化的命运，他坦然处之，甚至为此骄傲，所以《流氓的归来》中他引用了罗马尼亚流亡者齐奥朗（Emil Cioran）的话语："遭排斥是我们唯一拥有的尊严。"

2

《论小丑》（On Clowns）在1993年获得美国犹太图书奖，这是他流亡至西方的最初几年，在纽约巴德学院写下的随笔集。马内阿自己说过，刚到西方时，他想记下自己在罗马尼亚旧日统治下的生活，但因为排斥"受害者"这一身份的功利化，他不愿意再增加一些假东欧剧变之名披露痛苦经历来赚取钞票的文字，最后写出这本书，是想告知读者："不论我所离开的那个极权社会多么变幻不定，它和西方读者愿意相信的情形是不同的，它并不像他们想象的那么荒谬、邪恶和异常，而是一个人间现实，它仍然存在，并可能以其他面目作为一种意识形态和社会形式重获新生。"

书中最重要的《论小丑》一文写独裁者和艺术家的关系，马内阿以"花脸小丑"自喻，对抗"白脸小丑"，即从1965年开始统治罗马尼亚的齐奥塞斯库。在马内阿看来，自己的祖国早已成为一个荒谬的马戏团，权力的白脸小丑支配着成千上万生活在恐惧中的无名百姓，把他们塞进他马戏团的监狱里。花脸小丑唯一能做的，只是忽视他的存在，马内阿认为艺术家不必用严肃的态度反对官僚，这只会提高他们的身价，"因为你反对他们,说明你把他们太当回事,无意中反而加强了他们的权势,承认了他们的权威"。

但权力难以真正被忽视。马内阿1954年就曾拒绝成为劳动青年联合会执行委员会候选人而被军事法庭审判,1959年在布加勒斯特获得电气水利工程硕士学位,但他放弃了自己的专业,1966年开始在罗马尼亚先锋文学杂志 Povestea Vorbii 上发表作品,该杂志出版了六期后就被当局取缔,从那时起到1986年流亡,马内阿在罗马尼亚写了十本书,遭遇越来越严重的政治审查(《论小丑》中《审查者报告》一篇专写这一主题),甚至有好友亲口告诉马内阿,自己和国家安全部门签了"合同",得到一个代号,在布加勒斯特的各种私人住所里,他每周要见他的联系人一到两次,汇报马内阿的情况,回答问题,起草安全局所说的"情报记录"。齐奥塞斯库的统治一路伴随着马内阿的文学生涯,艺术家想忽视独裁者,独裁者却时时以恐惧提醒艺术家:我就在这里,对你的一切了如指掌。

1980年,罗马尼亚官方的"御用文人"科尔内留·瓦基姆·帝舵在《星期》杂志(布加勒斯特市文化和教育委员会的内部刊物)上发表了针对犹太人的法西斯主义匿名社论,马内阿很快在《家庭》杂志上做出回应(《论小丑》中全文收录了这篇访谈),在访谈中痛斥帝舵"妄图重燃对另一个时代的绵绵乡愁"。访谈后来衍发为一场政治事件,先是安全局的人首次直接找上马内阿,在谈话中暗示他应当移民;随后罗马尼亚官方组织舆论对马内阿进行多方抨击，匆匆捏造出诸多自相矛盾的罪名，"假开明""局外人""斯大林主义分子""不同的语言和信仰""反党""自由主义者"……让马内阿尤其感到孤独的是，在那噩梦般的几个月里，他虽然在私下里得到不少朋友的支持和关爱，但在公共领域，却是集体沉默。

还好在任何黑暗时代都有勇敢的燃灯者们，1981年，马内阿出版了短篇小说集《十月，八点钟》，第一篇书评直到1982年2月才出现在罗马尼亚最重要的文学杂志《罗马尼亚文学》上。马内阿说，后来他才知道，在那期刊物出版的前一天，那篇书评的作者和他的几个同事为了确保文章不在最后一分钟，甚至在排版后被撤下，一直等在编辑办公室里。

《论小丑》中马内阿不惜使用最为尖刻恶毒的语言讽刺齐奥塞斯库夫妇："也许这个国家从来没有自由，但它是在这个恶魔出现之后才变成地狱的，在他导演的狂欢节中，人们美化着未来，庆祝着死亡。他渺小而苍白，这个小丑，这个渺小的白老鼠，瘟疫的传播者，一无是处的死人骷髅……最崇高的一对夫妻：一个阴阳人和一个人老珠黄的女人……那个像鸭子一样走路的露露小姐，小小的黄牙上牙龈裸露着，张着嘴，口水流淌下来；而那个臃肿的阴阳人，身穿点缀着穗带和徽章的红色睡衣，结结巴巴地说着话，压在她的身上。荣誉博士小姐，无耻的荡妇。"

但在罗马尼亚政变之后,齐奥塞斯库夫妇被抓后三天就被枪决,马内阿对此并没有复仇式的快感,他只是说:"没有民主和公开的审判,就让齐奥塞斯库死去,这让我感到震惊。我对他和他太太的死毫无同情,他们几乎毁掉了罗马尼亚整个国家,并让我不得不离开自己的国家,但我无法接受没有审判的死亡。"

这就是马内阿所信仰的价值:要自由,也要公正。他在《论小丑》结尾处引用歌德的话:"如果你想表现自己的价值,首先要赋予这个世界价值。"在任何时代里,代表艺术家的花脸小丑都虚弱渺小,唯一可以与白脸小丑抗衡的,不过是紧紧握住在任何时代都无法抛弃的价值。

3

马内阿的小说《黑信封》(*The Black Envelope*)和《巢》(*The Lair*)先出版了中译本,两本书有诸多类似之处,比如梦魇式的语言、混乱的人物关系、隐晦而并未解开的悬疑。马内阿喜欢复杂叙事,2011年8月他在某个网站上发表了一篇文章,名为《反抗简单化》("Against Simplification"),文章读起来有点儿令人心酸,马内阿抱怨美国人是"简单化的天才",而现在这种简单化却成为趋势,像蓝色牛仔裤一样攻占全球。他用意大利作家克劳迪奥·马格利斯(Claudio Magris)的作品 Blindly 举例，这本在欧洲获得极高声誉的小说很久后才被翻译到美国，而且从未收获它应得的关注，这也并不是孤例。马内阿引用的一个联合国报告数据说，美国的翻译文学数量等同于希腊，而后者只有美国面积的十分之一。

如果以是否简单化为文学划分等级，马内阿可以放心的是，《黑信封》和《巢》即使放在欧洲语境下也能打上四颗星。同样是从纳粹集中营中幸存的犹太作家，他似乎比匈牙利作家凯尔泰斯更难以脱离往日的阴影，也更致力于繁复，虽然凯尔泰斯已经被公认为是托马斯·曼式深刻的继承人。

《黑信封》和《巢》就像把《流氓的归来》按照时间顺序分为两部分，主题都是创伤与回忆，前者的创伤来自纳粹对犹太人的大屠杀，后者的创伤来自罗马尼亚极权。《黑信封》的主角托莱亚教授是大屠杀幸存者，他的父亲马尔库·万恰本是毕业于巴黎大学的哲学博士，为了安然度过那些年月而成为一个葡萄酒批发代理商，但在收到一封黑信封匿名信后死去，死因不明，也无人知道是自杀还是被杀，小说中反复出现卡瓦菲斯的诗"野蛮人快要到了"，以暗示他们的生活被野蛮人（极权主义）所摧毁。托莱亚一边试图寻找父亲死亡的真相，一边向心理医生马尔加倾诉，但最后他疯了，被自己的房东夫妇告发，被送入了马尔加的精神病院，而黑信封被撕成碎片。书中隐约出现了一个告密者奥克塔维安·库沙，他来自聋哑人协会，但这个协会事实上从事着特殊的情报和监视工作。马内阿的小说总是会留下诸多谜团,他提供各种闪光碎片用以暗示,却不提供真正的答案,故事和人物被他的语言逼到了墙角,显得模糊不清、无路可走。

在写作《黑信封》时,罗马尼亚的审查制度正在不断壮大丰富,马内阿把托马斯·曼的一句话贴在书桌对面的墙上:"小说因其分析精神、感知力和本质的批判态度,被迫要逃避社会和政治环境,而诗歌之花却可以在边缘静静地开放,宁静而甜美,置整个世界于不顾。"托马斯·曼在纳粹横行时写下这句话,马内阿也说,他选择这句话不仅仅是偶然,《黑信封》中他试图寻到一个隐喻,表现当时罗马尼亚封闭而残缺的社会,表现内心难以释放的压力和痛苦,表现人们的沮丧和挫败感,"我要创造另外一个现实,来表达我们实际的生活:无尽的队伍(为了面包、手套、肥皂、汽油和手纸)、可怕的医院、无处不在的告密者和夸夸其谈的骗术;寒冷、害怕、玩笑、默然、疲乏、恐怖甚至自我的痛苦。孤独的个体和群众。绝望、爱、恐惧、罪恶、脆弱、幻想和噩梦"。

《巢》中也有不确定的死亡。这本书中有三代罗马尼亚的流亡知识分子,都从罗马尼亚的"法定幸福"中来到美国("法定幸福"是马内阿在《巢》中创造的一个词)。第一代是大师迪玛;第二代是迪玛的弟子米赫内阿·帕拉德教授,后来被暗杀于厕所隔间,案件始终没有侦破;第三代是小说的主人公彼得·加什帕尔。加什帕尔为帕拉德的被杀写了一篇文章,然后就接到了匿名的明信片，上面引用了博尔赫斯小说《死亡与罗盘》中的一段话："下回我会杀了你，我答应给你一个由唯一一根看不见的、无尽头的直线造成的迷宫。"这被认为是一种死亡威胁，因而惊动了校警和FBI。

马内阿是一个沉迷于书写自我的人，个人经历在作品中反复出现，几乎让人担心这是创作力衰竭，但从《黑信封》到《巢》，可以模糊看见他的写作主题渐渐发生了转变：流亡之前，他被体制的牢笼所困；流亡之后，他被自由的虚空所困。这种永恒的边缘感已经说不清楚是承受惩罚还是自由选择，他喜欢的齐奥朗还说过："你与祖国对峙，是出于对绝望的需要，出于对更加不幸的渴望。"《黑信封》就像是这句话的脚注，而在《巢》的故事里，"祖国"也可以替换为"美国"。

马内阿多次写到自己的父亲，写他在集中营中惊恐地发现自己洁白的衬衫领子上有一只虱子，"这样的生活不值得过下去"，但是母亲向他保证，他会重新穿上浆得硬挺挺的白衬衫。然后到了1958年，父亲又一次坐牢，穿上惨不忍睹的制服，因为没有当场支付两公斤肉钱，他被判刑五年。当然，父亲没有来到美国，但是从马内阿的命运也许可以想象这一幕如果发生，他也不见得会觉得"这样的生活值得过下去"，即使他能保证自己穿上浆得硬挺挺的白衬衫，但生活又不能仅仅是浆得硬挺挺的白衬衫。因为习惯了笼子的鸟，会对天空感到恐惧。

马内阿的书里总是混杂着恐惧与尊严、抵抗与虚无，因为他的人生就是如此，他其实很早就意识到罗马尼亚新政权对自己的不友好，但在其他犹太人陆陆续续递报告申请去以色列时，马内阿拒绝以"受害者"自居的逃避行为，因为"我对一切改变命运的幼稚努力都表示怀疑。在我看来，对我们不够完美的、短暂的现状承担起责任，并予以理解，更胜过仅仅做出地理方位的调整这种改变"。《巢》里也写过，加什帕尔要求学校删除关于他是一个大屠杀幸存者的介绍，因为在家庭中这是一个禁忌的词语，代表着侮辱："我父亲的一个朋友，从奥斯维辛回来，请一个医生为他去除胳膊上的一块皮肤，那上面文着他的囚徒号码。这是他回来后做的第一件事！他从来就不提及那些年。"

在纳粹的时代，马内阿是犹太人；在齐奥塞斯库的时代，他是被严密监控的作家；在自由的纽约，他是用没有多少读者的小语种写作的流亡者。诺曼·马内阿，一个"异国情调的哑角"，这个词是他的创造，"在自由的狂欢节中，自己是一个异国情调的哑角"。马内阿还说，"我既不想要痕迹，也不想要回忆"（这是《巢》的最后一段），但他显然失败了，他的文字永远如此：一个异国情调的哑角说出的话语，充满痕迹，充满回忆。

**参考书目**

［罗］诺曼·马内阿著，邵文实、梁禾译：《流氓的归来》，中信出版社，2015年。
［罗］诺曼·马内阿著，章艳译：《论小丑》，吉林出版集团有限责任公司，2008年。
［罗］诺曼·马内阿著，邹亚译：《黑信封》，中信出版社，2015年。
［罗］诺曼·马内阿著，余中先译：《巢》，新星出版社，2013年。

# 恐惧是灯笼里的一个屁

我前后两次读过赫塔·米勒（Herta Müller），一次是她刚得诺贝尔文学奖后不久，国内出了一套十册的作品集，我一口气看了其中三四本，她的作品破碎而有诗意，读完之后只能记得一些奇特意象和含混不清的语感，比如我一直忘不了她有篇散文的题目：《生命是灯笼里的一个屁》。重读是在一个冬天，北京的暖气将来未来，我穿了三双袜子，看她写那些发生在齐奥塞斯库统治下冰冷的罗马尼亚故事，有一次她在墓地中央的水泥小屋里看到一具女尸，脚踝上绑着铁丝，后来她去了德国，在声讨齐奥塞斯库的暴行时，有朋友告诉她最好不要提这个故事，"没人相信这些，你们只会让自己成为笑柄"，赫塔·米勒说，朋友是对的，她讲出的几个普通故事已经被人认为是夸大其词，别人都说，她脑子不正常。

"正常"是一个危险的词语,如果界定"何为正常"的标准掌握在他人、尤其是独裁者手里。赫塔·米勒说过,当"常态"被独占后,人们被分成了三类:完整无损的、受损的和彻底崩溃的。而能保持完整无损的仅仅是那些人,"那些不痛苦地想挣脱的、那些'标准'不抽他们耳光的或是那些可以接受用'标准'去抽别人耳光的"。在散文《标准像时钟一样滴答作响》里,赫塔·米勒写过布加勒斯特的那些疯子:有个戴着领结的男人,几年来总是拿着一束干枯的花,站在饭店门口等他的女朋友,但是他的女朋友早就被人从监狱抬往了墓穴。还有一个老妇人,无论冬夏她都用雪橇拉着自己那些大大小小的塑料袋,在城里走来走去。

在赫塔·米勒看来,这些人早就崩溃了,因此反而可以用疯狂来保护自我,免受政治制度的戕害。在另一篇散文《沉默让我们令人不快,说话使我们变得可笑》中,赫塔·米勒感慨,我们每个人都被历史传唤过,"作为被告,或是受害人。历史将他们释放后,没有一个依旧完好"。小说《心兽》里有一面山墙上挂着一条标语:"一切国家的无产者联合起来",赫塔·米勒用诗化的语言说,鞋子在这条标语下走来走去,只有逃亡才能离开这个国家,然而它们终将有别的路可走,"有朝一日会像许多其他鞋子那样,不再行走于这个标语之下"。

有朝一日。当然,齐奥塞斯库当然有朝一日是会死的,罗马尼亚人终于被历史释放,然而他用恐惧建筑的废墟还将继续维持废墟。赫塔·米勒有个朋友,总是疑心当年在广场上被处死的不是齐奥塞斯库本人,而是一个替身,觉得他还有一天会回来,再次让这个国家成为地狱。赫塔·米勒先是安慰他,不会的,那当然是齐奥塞斯库,然后她也开始疑惑:万一呢?万一齐奥塞斯库真的还活着呢?

这就是恐惧的力量,没有人真正从恐惧中幸存,即使已经身处安全之地,恐惧仍有余威。赫塔·米勒刚到德国时,没法习惯空荡荡的房间,因为罗马尼亚的房间总是塞得满满的,"东西越少的地方,人们想要的越多。让身边充满各种物件给人一种安全感……仅仅那些人们费力搞到的物品才肯定能保证人们拥有自己的历史。人们让生活有个固定的形式,为的是不失去自我"。

电影《窃听风暴》(*The Lives of Others*)发生在被奥威尔赋予特殊含义的1984年,这个译名是为了直接点出它所讲述的故事,直译其实应当是《他人的生活》,他人的生活是面残酷而清晰的镜子,让你看见自己,预感未来。赫塔·米勒经历过这些:开始几年,那些恐怖的场景只发生在陌生人身上,我们只在一般意义上感到害怕,看着那些距离稍远的人被逮捕和践踏时,"内心充满因无力阻止而带来的软弱的犯罪感,夹杂着没有发生在自己身上的卑劣的幸运感"。几年之后,身边的朋友也被跟踪审问,住所被搜查,手稿被没收,被大学开除,被抓捕，"之前只是隐约感到的压抑气氛，这时变成了具体的恐惧……迫害就这样一步步走近我的生活，几年后终于落到我自己身上"。《镜中恶魔》中写过，赫塔·米勒先被一家企业、后被多所学校解雇后，常常在布加勒斯特到处徘徊，她学会了游手好闲并开始在商店里偷东西，从偷晾衣夹开始的，而驱动她这样做的是一种奇异的决心，"不断把越来越大的物件不引人注目地顺手牵羊，好给剥夺了我一切的国家造成损失"。

恐惧最让人恐惧之处，是它逐渐导致对一切的怀疑和背叛，从爱情到友情，最后再到自我。赫塔·米勒经历过无数次罗马尼亚情报部门的审问，她总结过情报部门的审问规律："我会在 10 月 29 日被问及我 4 月 3 日在什么地方，和谁在一起，那时我说了些什么，情报人员想知道。他知道得一清二楚，而我却忘得干干净净。这样一来就为进一步审讯创造了初始条件：我被证明在撒谎。"她反复写过一个故事，自己去德国后有个密友从罗马尼亚前来看她，两人在火车站见面，对方立即承认，她是被情报部门派来的，一直负责监视赫塔·米勒，这个故事被改装成各种面貌在赫塔·米勒的书中出现，散文里有，《心兽》里有，长篇小说《狐狸那时已是猎人》则专门讲述两个女人因监视带来的友情危机。在被监视感无处不在的时候，赫塔·米勒离开住所前，会把头发放在门把手上、柜子把手上、抽屉里的手稿上、书架的书上，因为这样就能知道家里在自己出外时是否来过不速之客。

恐惧是灯笼里的一个屁

制度残酷地碾过个体，看起来毫无可能逃身而去，然而永远有一些自由之地难以剥夺。匈牙利作家彼得·纳达斯（Péter Nádas）描写过1968年匈牙利部队和华沙公约国武装入侵捷克的情景，布拉格之春被镇压，"匈牙利军车在前往布拉格途中，挡风玻璃被大量口水糊住，雨刮失灵了。匈牙利士兵在挡风玻璃后面颤抖着、哭泣着……"军队们有枪的时候，普通人有口水，就像赫塔·米勒每次被秘密警察叫去审问，她总是穿上新衣服，精心化好妆，因为"尽管他们努力制造恐惧，我还有能力整理仪容"，而在审问过程中，她脑海中总是浮现出一些小诗，然后在心里默念，"仿佛从丝绸衬里中读出"，她会观察审问她的人，甚至构思诗句，发现"两人的脖子一副老相，面部沧桑。他们自认掌握着我的生死大权，其实连自己的命运都无法把握且不自知。我的小诗在白色衬里站立的地方，就是他们头颅的灵位"。

赫塔·米勒坚信另一个罗马尼亚作家欧仁·尤内斯库（Eugene Ionesco）的句子："我们活着。但别人不让我们活。所以我们就活在细节中。"多年前她就写过一首诗叫《它会死》：

> 我知道它会死
> 但我不知道它何时以何种方式死
> 是卧床三年还是戛然而止
> 是哧哧哧漏气而亡

还是嘣嘣嘣暴毙

是半夜被流石击中

还是自吞砒霜归西

我不知它不知

我知道它会死

但不知道它死后

变成一朵花

还是一摊泥

在这样的信念之下,恐惧是灯笼里的一个屁,释放的过程臭不可闻,然而它终会淡去,灯笼里的蜡烛在几乎熄灭后依然闪光,细节永远都在光里。

**参考书目**

[德]赫塔·米勒著,李贻琼译:《国王鞠躬,国王杀人》,江苏人民出版社,2010年。

[德]赫塔·米勒著,丁娜等译:《镜中恶魔》,江苏人民出版社,2010年。

[德]赫塔·米勒著,钟慧娟译:《心兽》,江苏人民出版社,2010年。

[德]赫塔·米勒著,刘海宁译:《狐狸那时已是猎人》,江苏人民出版社,2010年。

[德]赫塔·米勒著,余杨、吴文权译:《呼吸秋千》,江苏人民出版社,2010年。

［德］赫塔·米勒著，沈锡良译:《今天我不愿面对自己》，江苏人民出版社，2010年。

［德］赫塔·米勒著，陈民、安尼译:《人是世上的大野鸡》，江苏人民出版社，2010年。

［德］赫塔·米勒著，刘海宁译:《一颗热土豆是一张温馨的床》，江苏人民出版社，2010年。

［德］赫塔·米勒著，续文译:《低地》，江苏人民出版社，2010年。

［德］赫塔·米勒著，李双志译:《托着摩卡杯的苍白男人》，江苏人民出版社，2010年。

# 萨义德：格格不入与最后的天空

2013年前后，我经常去纽约上西区的哥伦比亚大学。哥大有着美国常青藤名校中最袖珍的校园，窄窄主干道，两旁种着不知道什么高大树木，小到可怜的草坪，偶尔会有女生躺在上面晒太阳，只穿内衣。每当以色列政府又有什么举动，总能看到学校里的巴勒斯坦学生和以色列学生各自占据校园主干道的一旁示威，我总是怀着一种并无理性支撑的同情心，站在巴勒斯坦学生的一边，因为他们看起来总是不上台面，毫无气势，手举几块破纸板，上书"滚出加沙"（GET OUT OF GAZA）之类的口号，以色列学生却个个装备完整，身着犹太长袍，头戴名为Kipa的小圆帽，有桌有椅，桌前挂一张绣着蓝色大卫星的以色列国旗，漂亮的犹太女生卷发长睫，四处发送印刷精美的小册子。青天白日下目睹这些，我总要疑惑：如果萨义德还在，他会怎么想？

萨义德（Edward Said）在哥伦比亚大学担任了四十年英国文学和比较文学教授，作为一个巴勒斯坦人，他多年以来都是巴勒斯坦国民议会的成员，却一直住在纽约，身处美国犹太人的大本营，又面对伊斯兰世界被日益隔离的大趋势，我想，他一定极端孤独，所以在自传《格格不入》（*Out of Place*）的最后，萨义德才会说："我生命里有这么多不谐和音，我已学会不必处处入地皆宜，宁取格格不入。"我几乎读过萨义德所有有中文译本的著作，一直偏爱他最私人的两本书，一本是自传《格格不入》，一本是和摄影师吉恩·莫尔（Jean Mohr）合作、讲述巴勒斯坦人生活的《最后的天空之后》（*After the Last Sky*），这个书名来自巴勒斯坦诗人马哈穆德·达维希（Mahmoud Darwish）的作品："在最后的国境之后，我们应当去往哪里？在最后的天空之后，鸟儿应当飞向何方？"这是萨义德对自己、也是对整个巴勒斯坦民族未来的疑问。

虽然早就是美国公民，萨义德还是自认为流亡者，因为他成长的三个地方都已经不复存在：他1935年出生于耶路撒冷，但当年的巴勒斯坦已经成为以色列，他们家族在西耶路撒冷的房子，后来的居住者是著名的犹太哲学家马丁·布伯（Martin Buber）；他童年大都在开罗度过，但是法鲁克国王治下的殖民地埃及在1952年已经消失；有二十年间他家人总是去黎巴嫩度假，但是多年内战之后那里已经面目全非，萨义德在1980年回到黎巴嫩，他们当年所租的度假屋被火箭炮穿出了一个大洞。"流亡是最悲惨的命运",这是萨义德的名言,但他又认为知识分子应当有流亡者心态,即使不是真正的移民或放逐,仍应当具有移民或放逐者的思维方式,"面对阻碍却依然去想象、探索,总是能离开中央集权的权威,走向边缘——在边缘你可以看到一些事物,而这些是足迹从未越过传统与舒适范围的心灵通常所失去的"。这可以被认为是萨义德的终生自陈。

身为巴勒斯坦人对萨义德而言是一种复杂的感受,他在《知识分子论》(*Representations of the Intellectual*)中引用过一句犹太学者阿多诺的名言:"错误的生命无法正确地生活。"萨义德一直认为自己是阿多诺唯一忠实的跟随者,他甚至称自己为"犹太-巴勒斯坦人"(Jewish-Palestinian),这种与有戚戚显得多少有点黑色幽默,因为阿多诺这句话是在哀叹犹太人千百年来的命运。另一个有趣的细节是,萨义德在谈及"离散"这种状态时,一直坚持使用 dispersion 这个词,拒绝使用犹太人最常见的 diaspora:"离散是一系列没有姓名和上下文的肖像。画面大多不加解释,没有姓名而且无声沉默。"

在萨义德看来,巴勒斯坦民族的痛苦在于,所承受的灾难既沉重又沉默,在《最后的天空之后》里,他哀伤地说巴勒斯坦人的命运:"我们没有著名的爱因斯坦、夏加尔、弗洛伊德和鲁宾斯坦,用他们遗留下来的显赫成就来保护我们。我们也不曾经历过二次世界大战被纳粹党屠杀的大灾难，可以博得世界的同情。我们是'其他的'和相反的，是大批离开和迁徙的几何图形中的瑕疵。沉默和谨慎掩盖了伤害，减缓搜索尸体的速度，也抚慰了因为失去而带来的刺痛。"在其他人都能将身份视为理所当然之时，巴勒斯坦人却总是被要求出示各种身份证明，"再也没有比进入一个阿拉伯国家时遇到的海关和警察检查更能让我不愉快的事情了"。访谈录《权力、政治与文化》（*Power, Politics, and Culture*）中，萨义德也多次提到这种被遗忘的感受："这是身为巴勒斯坦人很真实的境遇。人们不但否定你的政治主张和权利，也否定你的历史，完全漠视你身为受难者的事实。"

萨义德讲过一个故事，有一年他从新泽西沿着1号公路回纽约，在加油站遇到一个阿拉伯工作人员，他的口音让萨义德一听便知是巴勒斯坦人，但是在萨义德追问他来自哪里时，对方始终闪躲，先是说约旦，后来又说是纳布卢斯，这种明显不情愿表明自己是巴勒斯坦人的态度，深深刺伤了萨义德，却又更加刺激了他的民族自觉意识。在《知识分子论》中，萨义德对萨特评价很高，似乎忘记了萨特和波伏娃对苏联罪恶的缄口不言，这大概是因为作为被殖民者，萨义德赞赏萨特在法国介入阿尔及利亚和越南事件中的表现。萨义德愤怒于以色列政府对巴勒斯坦的种种行为被历史和现实原因合法化，尤其是1982年以色列入侵黎巴嫩。当年《纽约时报》驻贝鲁特办事处主任托马斯·弗里德曼（Thomas Friedman）在书中描述过这场恐怖战争："亲眼见过最惨的贝鲁特式死亡发生在一九八二年八月，当时以色列飞机轰炸了西贝鲁特一幢住有几百名巴勒斯坦难民的八层大楼，这幢大楼倒塌，把每个人都活埋在里面。谣传巴解组织在地下室有一个电讯中心，但是我从没有见到这方面的证据。"而早在那一年的春天，萨义德在哈佛读研究生时的好友阿费夫·布洛斯在贝鲁特被刺死，死状极惨，萨义德说："那是三个月后以色列入侵，以及黎巴嫩内战烽火肆虐的恐怖征兆和预告。"

萨义德极为看重1948年这个历史节点，因为连以色列的历史学家也已经证明，那一年有将近一百万巴勒斯坦人被蓄意驱离了自己的土地，"我们其实是受害者的受害者"。拥有一个回不去的故国，即使在纽约生活了四十年，早已功成名就，萨义德"日常仍有临时将就之感"，他没有买过房子，在接受以色列记者采访时，他说自己的命运就是待在纽约，停留于一直摆荡的状态。但是他从来没有放弃过再次真正拥有祖国的梦想，期待巴勒斯坦地区建立起一个属于巴勒斯坦人的国家，这件事现在看起来依然遥遥无期，我开始写这篇文章时，恰好是萨义德去世十周年，在那一天的新闻中，以色列30名议员向总理内塔尼亚胡发出公开信，要求政府取消下一阶段释放在押巴勒斯坦人员的计划。从仇恨导致的仇恨根植于历史与现实之中，盘根错节，陷入死局。

我一直认为，萨义德的《格格不入》与以色列作家奥兹的《爱与黑暗的故事》可互为映照阅读。只有一个巴勒斯坦，尤其是只有一个耶路撒冷，巴勒斯坦人和犹太人却都视其为故土，在以色列建国之时，萨义德说那是"毁灭性的集体亡国"，奥兹却写他们彻夜等待之后的落泪狂喜，叶落归根和启程流亡只是同一个硬币的两面，只有同时看到两面的故事，才知道这是一出彻头彻尾的悲剧。

《最后的天空之后》读到最后，会觉得萨义德好多痛苦都和我们类似，他在这本书的结尾处说："我们生活在一个不断被推迟的未来中。"而这个迟迟不来的未来，我们谁也不知道自己是否能看到，在最后的天空之后，鸟儿应当飞向何方。

**参考书目**

[美]爱德华·W. 萨义德著，彭淮栋译：《格格不入：萨义德回忆录》，生活·读书·新知三联书店，2004年。

[美]爱德华·W. 萨义德著，金玥珏译：《最后的天空之后：巴勒斯坦人的生活》，新星出版社，2006年。

[美]爱德华·W. 萨义德著，单德兴译：《知识分子论》，生活·读书·新知三联书店，2005年。

[美]薇思瓦纳珊编，单德兴译：《权力、政治与文化：萨义德访谈录》，生活·读书·新知三联书店，2006年。

# 最好的结局是契诃夫式的结局

写萨义德的时候就想好了接下来写阿摩司·奥兹(Amos Oz),每一年的诺贝尔颁奖季奥兹总是大热,又总是没有得奖。几年中我把《爱与黑暗的故事》(*A Tale of Love and Darkness*)通读四遍,这大概是这几年里我重读次数最多的一本书。这本书繁复又絮叨,却不知道为什么如此迷人,好几个细节在书里被多次书写,有些细节甚至被复制到了奥兹其他的作品中(比如《地下室里的黑豹》),被记忆纠缠的人总是如此,因为无法摆脱,只能一再重复。

书的最后是奥兹试图唤醒自杀身亡的母亲:"她早晨依旧没有醒来,天光明媚时也没有醒来,医院花园的榕树枝头,鸟儿爱莉斯惊异地呼唤她,一遍又一遍地呼唤她,无济于事,然而它一遍又一遍地尝试,现在依然时时在尝试。"整本书也正是如此,奥兹试图用一个悲欣交集的犹太家族史,呼唤出一种不同以往的民族冲突结局，用他的话说，一个契诃夫式的结局，然而至今无济于事，他只能一遍又一遍地尝试，时时尝试。

奥兹出生在英国托管下的耶路撒冷，至今仍然生活在那里，耶路撒冷是他不可辩驳的家乡。他的父母在二十世纪三十年代分别从波兰和俄国前来，他们这个小家庭躲过了纳粹大屠杀（奥兹的大伯一家三口都死在集中营，堂哥丹尼爱拉没有活过三岁），勉强算是最为幸运的那一批犹太人，却从来没有能摆脱掉几千年来纠缠犹太人的不安全感。

每隔三四个月，他们要去药店和特拉维夫的亲人打一次电话，这通电话的准备工作隆重到几乎荒谬可笑的地步，然而内容却很难超过五分钟，无非是"我们一切都好。我们在药店里给你们打电话。""我们也是。有什么新情况吗？""没什么新鲜的。你们那边呢，茨维？有什么情况吗？""一切都好。没什么特别的。就那样呗。"……奥兹说，后来他才明白，父母们一点都不知道他们能否真的可以再次交谈，或许这就是最后一次，因为天晓得将会出什么事，"可能会发生骚乱，集体屠杀，血洗，阿拉伯人可能会揭竿而起把我们全部杀光，可能会发生战争，可能会出现大灾难，毕竟希特勒的坦克从北非和高加索两面夹击，几乎要抵达我们的门口了，谁知道等待我们的会是什么。空洞无物的谈话实则并不空洞，只是笨拙罢了"。几年后《爱与黑暗的故事》拍成电影，这个打电话的细节被着重描摹，却完全失去了书中的幽默、无奈和哀伤，这部电影也是如此，因为无力承担太过复杂的历史，导致它索性走向了空洞无力。

巴勒斯坦对犹太人而言是距离两千年的失而复得，所以他们时时恐惧得而复失。奥兹的父亲年轻时待在维尔纳，欧洲的每面墙壁上都写着"犹太人滚回巴勒斯坦去"，但五十年后他再去欧洲旅行，却发现每面墙壁上又在呐喊"犹太人滚出巴勒斯坦"。生活在阿犹冲突的阴影之下，连最简单的生活琐事都要承受民族主义的重负。奥兹童年时，以色列尚未建国，耶路撒冷的犹太人有一条铁打的规定，不买任何进口商品，只要能够买到相应的当地产品就不买外国货，而且还得区分犹太人出品还是阿拉伯人出品，比如在买奶酪的时候，他们必须在犹太合作社塔努瓦做的基布兹奶酪和阿拉伯奶酪中，做出艰难抉择，"的确，阿拉伯奶酪便宜一点。但是你要是买阿拉伯奶酪的话，是不是就有点背叛犹太复国主义了呢？"

犹太人曾经充满自信，在拥有自己的国家后会善待原来就在巴勒斯坦的阿拉伯人，犹太人自己就是数千年来一直被压迫的少数民族，因此他们一定可以公正慷慨，与阿拉伯人共享故乡。然而事实却用接连不断的死亡残忍推翻了这一想象，对于1947年之后的巴勒斯坦历史，阿犹双方有着截然不同的表述。作为巴勒斯坦在西方最重要的代言人，萨义德悲痛地谴责犹太人为了回到两千年前的故乡，却把巴勒斯坦人驱逐出当下的故乡。萨义德同样出生于耶路撒冷，但他的整个家族早已流散在外，萨义德根本不记得自己离开耶路撒冷的最后时刻，因为当时他并不知道自己再也不能回来。在萨义德的办公室里，放着一张镀金的巴勒斯坦地图，那是一张巴勒斯坦完整领土的地图，他根本反对1947年的分治计划。

奥兹则在《爱与黑暗的故事》中隔空反驳说，在"独立战争"期间，阿拉伯人攻克的所有犹太人定居点，无一例外被夷为平地，犹太人遭到杀戮和俘虏，四处逃亡。当然，有成千上万的阿拉伯人被以色列驱逐，至今流亡天涯，但不管怎么说，有十万人留了下来，然而在加沙地带（当时加沙尚未被以色列占领），"没有一个犹太人，一个都没有，定居点被消除，犹太会堂和墓地被夷为平地"。

如果充分阅读阿犹双方的表述，会发现正义与非正义在历史纠葛中反复对调，难以辨析。奥兹的外公是一个社会主义者，终生坚信两件事，怜悯与正义，但是他也认为需要在两者之间建立联系，因为没有怜悯的正义不是正义，只是一个屠场，而另一方面，没有正义的怜悯或许对耶稣适合，但是"不适合吃恶苹果的普通人"。唯一可以确认的是，这是一出至今尚未收场的悲剧。奥兹参加过1967年的"六日战争"，还曾经为拉宾撰写演讲稿，后来却对此有过深刻反思，在书里他说："在个体与民族的生存中，最为恶劣的冲突经常发生在那些受迫害者之间。受迫害者与受压迫者会联合起来，团结一致，结成铁壁铜墙，反抗无情的压迫者，不过是种多愁善感满怀期待的神思。在现实生活中，遭到同一父亲虐待的两个儿子并不能真正组成同道会，让共同的命运把他们密切地联系在一起，他们不是把对方视为同命相连的伙伴，而是把对方视为压迫他的化身。或许，这就是近百年来的阿犹冲突。"2006年10月8日，奥兹和以色列另外两个重要作家格罗斯曼和耶霍舒亚联合召开新闻发布会，呼吁以色列政府停止和黎巴嫩军事冲突，两天之后，格罗斯曼最小的儿子、二十岁的乌利在战场上死亡。

奥兹提出过一种"对对碰"（the clash of right and right）的概念，即阿犹冲突是一场正确和正确的碰撞。接受《纽约时报》采访时，奥兹说这场悲剧有两种解决方式：莎士比亚式的或契诃夫式的。"在莎士比亚的悲剧中，最后舞台上堆满了死尸。而在契诃夫的悲剧里，所有人都是不快乐的，痛苦的，幻灭的，悲哀的，可他们都还活着。我和我在和平运动中的同仁们，都在致力于一个契诃夫式而不是莎士比亚式的结局。"

《爱与黑暗的故事》超过五百页，即使写满痛苦，却不是一本只会让人痛苦的书，它充满了种种平常却让人微笑的生活碎屑：窗台上长年累月放着密封的腌黄瓜罐，耶路撒冷市场里被捆住双腿倒挂的母鸡，奶奶的花丝绸晨衣和绿色蝴蝶结，有严重洁癖的她一天要洗三次滚水澡，最后在一次洗澡中死于心脏病……唯有在这些碎屑中，再动荡凄凉的人生也依然值得一过，就像契诃夫在人生的最后几年，即使身患重病，他的书信却一如他的小说，全是平常的游历、业务、工作的细枝末节。这就是契诃夫对奥兹最大的影响，每个人的人生都蕴含成分不等的悲剧,却也不过是一种寻常人生,在推荐《爱与黑暗的故事》时,奥兹说:"读读这本书吧,你会了解一个在新闻报道中了解不到的以色列。虽然火山近在咫尺,人们依然坠入爱河、感觉嫉妒、梦想迁升、传着闲话。"

写这篇文章时父母正在北京,他们每天坐两站公交车去八里桥批发市场买菜,有时我也跟着过去,极新鲜的海白虾二十八元一斤,满黄的梭子蟹只要三十,茭白青是青白是白躺在水红色塑料布上,一斤半一只的小公鸡被破肚开膛,连绵不断一字排开,看起来有一种分外磅礴的气势。即使并不身处硝烟从不熄灭的耶路撒冷,此时此地依然充满焦虑,焦虑那些失去自由的朋友,焦虑会不会有更多人失去自由,焦虑我们的未来会不会从深灰转为漆黑……然而菜市场让我安静,它让我确信,不管世事如何变化,只要我们以契诃夫式的勇敢默默与之对抗,生活就不会被彻底摧毁,一切尚有希望。

**参考书目**

[以色列] 阿摩司·奥兹著,钟志清译:《爱与黑暗的故事》,译林出版社,2007年。

## 总而言之不醒

喜剧就是悲剧加上时间。

# 罪,却不一定罚

《赛末点》(*Match Point*)2005年首映时,伍迪·艾伦(Woody Allen)说这是他三部真正的好电影之一,另外两部是《开罗紫玫瑰》和《丈夫与妻子》,并没有人见人爱的《安妮·霍尔》。

《赛末点》严肃、紧张、沉重,根本不是典型的伍迪·艾伦电影,但伍迪·艾伦本人,也不见得是典型的伍迪·艾伦,他列出自己最爱的十部电影,包括《第七封印》《罗生门》和《公民凯恩》,没有一部能让人喘口气。他还说,当有幸与英格玛·伯格曼(Ingmar Bergman)共进晚餐时,"在他面前,我觉得自己就像是一个房屋粉刷匠坐在毕加索旁边"。总而言之,就像《安妮·霍尔》的台词,伍迪·艾伦"永远也不想加入一个有我这种人做会员的俱乐部",隐藏于他的戏谑、故作轻松、神经质话痨以及黑边眼镜之下的,谁知道呢，也许是陀思妥耶夫斯基式的痛苦灵魂。

从1989年的《罪与错》到2005年的《赛末点》，再到2015年的《无理之人》，伍迪·艾伦完成了他向陀思妥耶夫斯基致敬的三部曲。《赛末点》开篇不久，网球教练克里斯在自己租的伦敦小房子中，阅读企鹅经典版的《罪与罚》，这一秒钟预示了克里斯的命运，他最终会像《罪与罚》中的拉斯柯尔尼科夫一样，犯下谋杀，并且试图掩盖罪行。但伍迪·艾伦无意重复陀思妥耶夫斯基对罪恶的思考，陀让他的主角被内心的道德律令折磨，前去警局自首，并最终在忏悔中获得新生；到了《赛末点》，伍迪·艾伦的主角杀害情妇和毫不相干的房东老太太（类似于《罪与罚》中拉斯柯尔尼科夫杀掉放高利贷的老太太和她毫不相干的妹妹），一起漏洞百出的谋杀案，他却神奇地躲过惩罚，继续和上流社会的妻子生活在一起。电影的结局，是克里斯和妻子有了可爱的儿子，他站在豪宅的巨大落地窗前，凝望泰晤士河两岸风光，身后是家人为新生的孩子举杯祝福，"愿他一生都有好运气"。

是的，运气，这就是伍迪·艾伦对命运的判词。《赛末点》一开始，一个网球停留在网带之上，画外音说："在比赛中有这样的一些时刻，当球击中网带，而这将是决定比赛胜负的关键时刻。如果稍加一点运气，你就成功了，如果不幸的话，你就会一败涂地。"克里斯谋杀情妇和房东老太太之后，将房东的结婚戒指扔向泰晤士河，这个戒指和电影开篇的网球遥相呼应,但他是个幸运的人,戒指留在岸边,被吸毒者捡起,巧妙迎合了克里斯犯罪时布置出的故事,就这样,他洗脱嫌疑,赢得了命运。

从这个意义上说,伍迪·艾伦对人性有比陀思妥耶夫斯基更冷酷的判断。在《罪与罚》中,拉斯柯尔尼科夫在杀人之前,虽然有大段大段的心理建设以证明自己谋杀的正当性,比如"那个老太婆又愚蠢、又无用、微不足道、心狠手辣、衰老多病,不但对谁也没有用,相反,对大家都有害",或者"几千桩好事不能抵消一件小小的罪行吗?……这样一个病病歪歪、愚蠢透顶、心狠手辣的老太婆的生命,在大众的天平上又算得了什么呢?充其量不过是一只虱子,一只蟑螂的生命罢了",但在谋杀真正发生之后,拉斯柯尔尼科夫发现,"我杀死的是我自己,而不是老太婆!我一下子就把自己毁了,永远地毁了!……"

陀思妥耶夫斯基一生都为这件事所困,他怀疑信仰,却无法否认信仰,他是书写黑暗的大师,却无法停留于黑暗,哪怕结局时的忏悔在文学意义上显得软弱无力,他依然总会让忏悔发生,这就是别尔嘉耶夫所说,"杀人的人杀死了自己,否定别人的不死和永恒的人,也否定了自己的不死和永恒……不是功利主义对惩罚的恐惧必然阻止犯罪和杀戮,而是人的不死的本质否定犯罪和杀戮,人类的良心是人永生的标志"。这是一种在任何黑暗时代都可以执守的乐观主义:罪恶会得到惩罚,如果不发生于外部，就会发生于内心。如果不是人间的律法，就将有上帝的审判。

然而伍迪·艾伦推翻了这件事。在《罪与错》中，眼科医生罗尔森让人替他杀死难以摆脱的情妇，到了《赛末点》，克里斯变成亲自动手，他的情妇甚至刚刚怀上他们的孩子，他爱她，却并没有爱到要为她放弃上流社会的生活，扣动扳机的时候，克里斯没有任何犹豫。罪恶就这样轻而易举地发生了，他们杀了人，后来却都活得挺好，也看不出内心有何真正痛苦，在一段和死去鬼魂的对话中，克里斯说："如果我被发现并受到惩罚，那也是应得的。至少这里还有一点正义。一点点可以期盼的希望。"但既然正义并没有发生，他也就安然接受现实，"你要学着把罪恶感埋在心里，继续生活下去"，杀人犯也有自己的心灵鸡汤，罪恶感或许也曾浓郁过，但时间稀释一切，到最后，没有他人知道的罪恶，终将等于从未发生，"喜剧就是悲剧加上时间"（《罪与错》的台词），死去的人默默地死去，活着的人快乐地活着，罪恶变成虚幻，运气替代道德，成为命运的最终答案。

身为犹太人，伍迪·艾伦始终无法摆脱这种虚无主义，这也许是基于对大屠杀中上帝缺席的疑惑。《罪与错》中，有一段讨论600万犹太人的死是否值得，因为倘若没有上帝的最终审判，等于一切都被允许，这部电影中的Louis Levy教授是大屠杀幸存者，看起来早已度过伤痛期，但有一天，他莫名其妙走到窗边，跳了下去。后来有人说，这个角色和意大利作家普里莫·莱维有诸多相似，同样是奥斯维辛幸存者，同样坠楼身亡，同样没有任何预警和遗言，更不用说二人的姓只差一个字母。但伍迪·艾伦否认了这个猜测，他说自己是莱维的粉丝，但这个角色他已经思考多年，莱维却死于1987年，二人之间真的没有任何联系。但谁知道呢，也许这是一场弗洛伊德式的潜意识巧合，在伍迪·艾伦这里，如果谋杀600万人的罪恶也没有上帝的审判，杀一两个人的，当然更有理由轻快地脱身而去。

陀思妥耶夫斯基沉迷于书写人性罪恶，在给朋友写信的时候，他自己也说："我的本性是卑鄙的和激烈迷狂的，在所有的地方，在一切事情上，我一定要走到极限，我的一生都是越界到魔鬼那里。"但他大概没有想过，真正的罪恶是甚至不相信魔鬼的存在，既没有魔鬼，也没有上帝。另一个从集中营幸存的犹太作家诺曼·马内阿说，他像陀思妥耶夫斯基一样，从来不相信美能够拯救世界，"但我们可以希望，它能在慰藉和补偿我们的孤独时，发挥一己之力。我们还可以希望，它所具有的美的愿景，对真相的诘问，对善的重新定义，以及它不可预知的有趣，终将难以抛弃，即使在无常与危险的时代"。

非常感人，世事却不见得如此。在伊斯坦布尔旅行时，我遇到上百人在独立大街上游行，举着那些十几年前失踪的亲人照片，土耳其政府从未站出来为这些人的失踪负责，哪怕他们被扔进了博斯普鲁斯海峡吧,总有至少一双手干了这件事,但什么都没有,真相、追责、忏悔。

回到我们这里,许多刚刚过去的过去和当下发生的现实,至今是个谜,难怪《三体》中叶文洁经历了这些后,会对人类整体失望,邀请三体人的毁灭式降临。初夏总是惊人美丽,有樱桃、月季和短裙,在这样的夜晚,有多少人逃脱了命运和内心的双重惩罚,舒舒服服躺在沙发上吃樱桃刷手机,庆幸于自己的好运气。

**参考书目**

[俄]陀思妥耶夫斯基著,臧仲伦译:《罪与罚》,重庆出版社,2007年。

# 笑一笑吧不用带着泪

几年前我第一次读《乌克兰拖拉机简史》(*A Short History of Tractors in Ukrainian*),一气读完只用了两天,玛琳娜·柳薇卡(Marina Lewycka)是一个完全陌生的作者,读它是因为这本书的责编是好友,译者邵文实又曾经翻译过马内阿那本《流氓的归来》,这让我放心,但在阅读之前我并没有想过,它带给我的快感会远远高于放心。

后来偶尔我会想到这本书,有时候是拿着锅铲正在炒菜,有时候是天气特别好走在路上,我会突然笑出来,一个人笑好一会儿,蔬菜下滚油锅时骤然升起的烟气,路边的大妈拿着一块不知道什么破布做煎饼,都让我觉得和书里的故事有某种让人忍俊不禁的联系。这个故事多带劲啊:八十四岁的父亲尼古拉和三十六岁的乌克兰金发女郎瓦伦蒂娜坠入爱河,准确地说,是他对她波提切利式的乳房坠入爱河。她想要通过这场婚姻从乌克兰来到英国，他则觉得自己有义务拯救受苦受难的乌克兰人民，当然，在这件事不可能即刻做到的情况下，他愿意优先拯救胸特别大的这一个。听说瓦伦蒂娜如果是一个英国公民的母亲，就不大可能被驱逐出境，尼古拉开始认真考虑这件事的可能性，虽然"液压升降机的功能不再那么健全了"（我琢磨了一会儿才明白这是什么意思），他还是打算不妨一试，有一对波提切利的乳房在面前摇晃，有什么不可能呢？两个女儿，薇拉和娜杰日达，一个是从来没有工作过一天的有钱太太（现在是靠赡养费活着的离婚女人），一个是每一件衣服都从二手店里购买的社会主义者，俩人本来已经为母亲一点点可怜的遗产闹翻，但现在为了共同的敌人重新联合起来：打倒居心叵测的狐狸精！打倒狐狸精的绿缎胸罩（那对惊人的硕乳像对子弹头般从一副内嵌金属丝、绸子肩带、莱卡镶格、蕾丝缀边的火箭发射器般的绿缎胸罩中勃然而出）！

《乌克兰拖拉机简史》证明，看起来狗血一般的故事，有些会被拍成中国式家庭伦理连续剧，有些则能入围布克奖。前几年我有个远房亲戚，一个不算很老的老头儿，在家里老太太死之后不到一个月，把另外一个不算很老的老太太带回了家，三个儿子几乎是一瞬间就接受了这件事，家里走了一个人，又来了一个人，当空缺被填满，好像没人有揭竿而起（或者是揭锅而起）的兴趣，日子照常一路往前，自动麻将桌稀里哗啦洗牌，一副牌降下去，又一副牌冉冉升起。这回重读《乌克兰拖拉机简史》，我突然想到这件事，多少觉得有点遗憾，看热闹的时候总是特别怕事儿不够大，不管是读一本书，还是围观自家亲戚。

父亲尼古拉是退休工程师，一直在写一本真正的《乌克兰拖拉机简史》，他把这看成是自己一生的事业，而在描述拖拉机的历史时，这个家族乃至整个乌克兰的历史也渐渐浮出水面，"拖拉机的早期制造者们梦想把刀剑变为犁头，但随着本世纪的精神变得黑暗，我们发现，正相反，犁头将变成刀剑"。当本来制造拖拉机的工厂开出坦克，饥饿、恐怖、杀戮、战争，这个家族逐次经历了这些词语，然后他们幸存了下来。娜杰日达说，小时候，她希望自己的父亲是个英雄，她以他的坟墓逃亡为耻，以他飞往德国为耻，希望母亲柳德米拉是个罗曼蒂克的女英雄，希望他们的故事由英雄救美构成，但是现在，作为一个成年人，她看到他们不是英雄。他们活了下来，仅仅如此。

真的，仅仅如此，在尼古拉和柳德米拉陷入爱情的时候，他们去溜冰，那些莫斯科或者战争前线的血腥故事在那个瞬间变得无关紧要，他们"抓着彼此戴着两指手套的手，穿着溜冰鞋旋转，一圈又一圈——天空、白云和金色的穹顶都在随着他们旋转……直到他们头晕目眩地跌倒在冰面上，一个压着一个"。1936年他俩结婚，两个人都是二十四岁，新娘子没有怀孕，而之前大家都以为是因为这个尼古拉才会娶她，婚礼上没有人流泪，"尽管有太多需要流泪的事情"，这句话就像概括了整本书。

玛琳娜·柳薇卡开始想写一部严肃的小说，不知道为什么，故事和语言渐渐脱离了她的初衷，她说，也许这是因为在乌克兰，诙谐写作有悠久的传统，从果戈理到布尔加科夫，"而生活如此艰难，幽默是你消解那么多困境和恐惧的方式"。幽默的能力还不仅仅如此，布尔加科夫也不仅把自己的幽默感用在写趣味和深刻并行的《大师与玛格丽特》里，在写给斯大林的信中，他说："在苏联俄罗斯文学的广阔原野上，我是惟一的一只文学之狼。有人劝我在狼皮上涂点颜色，这是个愚不可及的劝告。涂上颜色的狼也罢，剪去狼毛的狼也罢，怎么也像不了一只哈巴狗。"你看，在开玩笑的时候，这只狼并没有耽误向独裁者露出爪牙，它不会成为一只摇尾巴的哈巴狗，那不是幽默，那是可笑。

这几年读过的书里，还有一本让我从头笑到尾的是尤里·德鲁日尼科夫（Yuri Druzhnikov）的《针尖上的天使》（*Angels on the Head of a Pin*）。这本书他写了十年，后来他被驱逐出境，没有亲眼看到他书里所写那个世界的垮台。《针尖上的天使》有五十万字，文学性远远高于索尔仁尼琴的作品（尤其是后期作品），德鲁日尼科夫讲述索尔仁尼琴式的故事，却使用了布尔加科夫式的语言，这种语言赋予了这本书真正的灵魂。我几乎向认识的每一个人推荐这本书，其中有个朋友看了之后对我们说："根本笑不出来。"只有生活在笑话中的人才深深知道，这是一场老不落幕的悲剧，急死了等待的人。

我一直希望读到中国作家用这样的语言写写我们的故事，关于苦难，我们已经有了《活着》，我渴望有那么一本不同的书，写苦难背后的平常日子，让我笑一笑，只是笑一笑。迄今我仍然很喜欢多年前读过的一个中篇《贫嘴张大民的幸福生活》，作者刘恒好像后来做了编剧，消失在文坛。张大民老婆叫李云芳，腿比他长，挣得比他多，一开始爱的是毛巾厂的技术员，张大民跟她搭讪："你们厂夜班费6毛钱，我们厂夜班费8毛钱。我上一个夜班比你多挣2毛钱，我要上一个月夜班就比你多挣6块钱了。看起来是这样吧？其实不是这样。问题出在夜餐上面。你们厂一碗馄饨2毛钱，我们厂一碗馄饨3毛钱，我上一个夜班才比你多挣1毛钱。我要是一碗馄饨吃不饱，再加半碗，我上一个夜班就比你少挣5分钱了，不过你们厂一碗馄饨才给10个，我们厂一碗馄饨给12个，我吃过一碗14个的，这样一算咱俩上一个夜班就挣得差不多了，就没有什么区别了。可是你们厂的馄饨馅儿肉搁的多，算来算去还是我们厂亏了。表面看起来你们厂的夜班费少几毛钱，实际上1分钱都不少！云芳，你觉得呢？"我一口气引用270个字去算张大民的夜班费，是因为想到在《乌克兰拖拉机简史》中，作者用整整三页列举母亲的储藏室里有哪些食物，有时候这些完全不重要的事情只是显得可笑，但有时候，那些让我们能笑一笑的事情是如此重要。

当我们夸赞一本看起来玩笑的书有多深刻时，喜欢说它"笑中带泪",好像没有眼泪就无以构筑起一个伟大的文本,好像没有复杂深刻的人性就会让这本书失去尊严。但是我又读了一遍《乌克兰拖拉机简史》,我从那些对饥饿、战争与纳粹法西斯的回忆中幸存了下来,我从第一页笑到了最后一页,笑一笑吧,不用带着泪,就这么一个瞬间,让我们像书里那对相爱的年轻人,穿着溜冰鞋旋转,直到头晕目眩。

**参考书目**

［英］玛琳娜·柳薇卡著,邵文实译:《乌克兰拖拉机简史》,吉林出版集团有限责任公司,2011年。

［美］尤里·德鲁日尼科夫著,王立刚译:《针尖上的天使》,译林出版社,2010年。

刘恒著:《贫嘴张大民的幸福生活》,华艺出版社,1999年。

# 谁会杀死那个孩子

反恐题材电影《天空之眼》(*Eye in the Sky*) 2016 年 3 月 11 日在美国上映。十一天之后，布鲁塞尔发生连环爆炸，造成 32 人死亡，340 人受伤，三名携带人体炸弹的嫌犯现场身亡，加上另外两人，均被警方认为和四个月前的巴黎恐怖袭击也有关联，ISIS 随后宣布对该爆炸案负责——一整套我们已经越来越熟悉的恐怖袭击流程：人体炸弹、人群聚集区、大规模伤亡、最后是 ISIS 以大 Boss 的身份亮相，炫耀战绩。

就像用生命为电影做宣传，《天空之眼》讲述恐袭案发生之前的故事：英国情报官员历经六年，终于追查到在东非恐怖分子名单上排名第四和第五的夫妻，二人正在肯尼亚首都内罗毕一栋民宅内，策划一起新的人肉炸弹恐怖事件，美军的无人机和两枚导弹已经就位，万事俱备，只等无人机驾驶员按下发射按钮。但新的变量在此时出现，驾驶员发现在院子隔壁生活的小女孩（之前有他通过监控镜头看小女孩转呼啦圈的温馨镜头）蹦蹦跳跳出门，在藏匿恐怖分子的院子围墙外设了一个小摊，卖妈妈做的面饼。小女孩天真可爱，笑起来融化冰雪，于是驾驶员拒绝发射，想给小女孩留下求生的时间——他期望小女孩能够迅速卖光面饼，离开爆炸区。但与此同时，我们可以清晰看到，恐怖分子正在穿上装满炸弹的背心，因为监控能力有限，一旦他们错失发射良机，人体炸弹进入平民聚集区，就会带来80人左右的伤亡。电影向戏内戏外的所有人抛出一个难题：应该为了80人的"可能"死亡，而让眼前的无辜小姑娘"确定"死去吗？

和很多人一样，我最早是从桑德尔（Michael Sandel）的公开课《公正》(*Justice*)里第一次听说那个著名的胖子：你站在一座桥上，一辆失控的电车沿着轨道从远处开来，轨道尽头有五名即将被撞死的工人，这时你发现身边有一个大胖子，如果你把他推下铁轨，他必死无疑，但电车会停下——你救了那五个人，却杀了一个无辜的胖子。这个假设经公开课传播后如此知名，以至于桑德尔将《公正》出书的时候，只能用其他例子代替，但"电车难题"（Trolley Problem）本就是伦理学上最有名的悖论之一，有无数衍生版本，上述胖子这一个，大概最契合《天空之眼》的剧情。戴维·埃德蒙兹（David Edmonds）的《你会杀死那个胖子吗？》(*Would You Kill the Fat Man?*)详细阐释了由电车难题产生的"电车学"，书中提到西点军校将此作为哲学必修课的一部分,因为这有助于学生区分正义战争和恐怖袭击。但不管是电影还是书,都没有给出令人信服的结论,就像电影片头,打上古希腊诗人埃斯库罗斯的名言:"战争中,第一个倒下的是真理。"战争中我们做出选择,却不是依据真理。

陀思妥耶夫斯基在《卡拉马佐夫兄弟》中的一段对话可被视为是"电车难题"的雏形,书中伊万和阿辽沙对谈,伊万说:"你想象一下,你在建造一座人类命运的大厦,目的是最终让人们幸福,给他们和平与安宁,但为此目的必须而且不可避免地要摧残一个——总共只有一个——小小的生命体,就算是那个用小拳头捶自己胸部的小女孩吧,用她的得不到补偿的眼泪为这座大厦奠基,你会不会同意在这样的条件下担任建筑师?"书中代表纯善的阿辽沙轻轻地说:"不,我不会同意。"

阿辽沙的回答在道德层面看起来无懈可击,伦理悖论仅仅作为逻辑假设时总是有趣的,但当现实需要不断验证这些假设时,大部分人却不会选择道德完美。在宗教层面,生命不可量化叠加,但在当下,我们真的会为一个小女孩,放弃整个人类的命运吗?《你会杀死那个胖子吗?》一开篇,就是二战时丘吉尔面临的选择:军情五处可以使用假情报,诱导德国将飞弹轰炸的地点从伦敦市中区调整为更南边的郊区,这样会挽救超过一万人的生命,但本来居住南部的人,则会被无辜牺牲。最后飞弹导致了六千多人死亡，南部众多区域被炸得满目疮痍。埃德蒙兹说，做出这个决定时，丘吉尔可能没怎么失眠，因为他每天都得面对诸如此类的道德困境。同一个丘吉尔也曾说过，"真理无可争议，恶意可以攻击它，无知可以嘲笑它，但最终，它屹立不倒"，没有人知道丘吉尔所谓的"真理"应当如何具化：是六千人的生命？还是一万人的生命？

这就像《天空之眼》的结局，经过诸多官僚繁琐低效的讨论，以及指挥官强行让技术人员移动炸弹点，将爆炸后小女孩的死亡率降为50%之后，导弹发射了，第一枚没有完全炸死女恐怖分子，于是又有了第二枚，这一次，恐怖分子和小女孩一起，失去了机会。更为讽刺的是，伤心欲绝的父母试图在路上找车将小女孩送往医院，最终帮助他们的，却是电影中被视为反派的当地军队，战争中正邪双方的标签，因为一个小女孩的生命，来了一次意味深长的对调。电影最后，艾伦·瑞克曼（Alan Rickman）饰演的军人对下属说，"永远不要跟士兵说，他不懂战争的代价"。早在三百年前，康德已经警示世人，"永远不能仅仅把人作为达到目的的手段，而始终要将之作为目的"，但如果手段和目的同为人的生命时，我们将会在现实层面陷入死局。

这些年有不少影视作品探讨类似主题：在《拯救大兵瑞恩》中，为了拯救瑞恩一人的生命，是否应该让八个士兵茫然冒险？在《战略特勤组》中，为了得到原子弹的下落，拯救几千万人的生命，是否应该以恐怖分子孩子的生命作为威胁？在《刺杀本·拉登》中，为了获取本·拉登的信息，是不是就可以对知情人士无底线使用酷刑？……这些探讨从来不提供答案，但能够进行这些探讨，而非不假思索地做出抉择，本身就证明了人性。在关键时刻的犹豫，既代表软弱，也代表人道主义。

看完《天空之眼》后，我本来没想写一篇文章，因为类似文章已经不少。但清晨起床，看见尼斯恐怖袭击后的照片，满地尸体，宛如地狱，最让人震动的一张，是被覆盖住的小女孩尸体，旁边是她的粉红洋娃娃。这一场悲剧已经不可挽回，倘若在下一场悲剧之前我们有机会制止，但制止它发生的代价，是杀死一个抱着粉红洋娃娃的小女孩，手握武器的人，到底会不会扣动扳机？

**参考书目**

［英］戴维·埃德蒙兹著，姜微微译：《你会杀死那个胖子吗？》，中国人民大学出版社，2014年。

［俄］陀思妥耶夫斯基著，荣如德译：《卡拉马佐夫兄弟》，上海译文出版社，2006年。

# 沈从文的后半生：总而言之不醒

我在纽约见过一次金介甫（Jeffrey C. Kinkley），在张新颖的《沈从文的后半生》之前，他写出了最好的沈从文传记。那本书细致得近乎啰唆，甚至考证出翠翠的原型：一部分是沈从文第一次离家时在芦溪遇到的当地开绒线铺家的小姑娘；还有一部分是1933年他和张兆和在崂山溪边洗手，看到对岸一个穿孝衣扫庙的姑娘，沈从文说"那穿白衣的姑娘，我可以给她写个小说"，后来就有了《边城》。

金介甫当时在纽约皇后区一个小大学里教书，办公室大概只有四五个平方，开着极小的小窗，我在排山倒海的资料中勉强坐了下来。他六十几岁，离婚后再婚，住在新泽西州，每次往返学校需要六个小时，开车转火车转地铁再转公交车，他几乎秃了顶，和我拍照前，却还是拿出一把梳子，认真梳了梳头。聊到最后，我忍不住抛弃礼貌，去关心他的生活，问他《沈从文传》到底拿了多少版税，金介甫茫然地说："没有版税啊，就是出版社请我吃了两顿饭。"然后我又问英文原版在美国卖了多少本，他高兴起来："五百本！这是汉学界的畅销书！"采访完坐车回家，我想：这个人真适合为沈从文写传。

《沈从文的后半生》从1948年起笔，中国大变在前，老朋友们大都兴奋乐观，只有沈从文，在杨振声的霁清轩中消夏时，还写了篇《中国往何处去》。到了1949年，沈从文被郭沫若划定为"粉红色作家"，他精神失常，自杀未遂，又给远在香港的黄永玉写信："北京傅作义都已成瓮中之鳖。长安街大树均已锯去以利飞机起落。城，三四日可下，根据过往恩怨，我准备含笑上绞架……"黄永玉觉得表叔真夸张，又觉得自己比他见识高，知道什么是"人民战争"。没多久，解放军真的进城，沈从文忙不迭夸他们"威严而和气"，劝黄永玉赶紧回来，"参加这一人类历史未有过之值得为之献身工作"。这种抗拒与顺从的矛盾，几乎贯穿沈从文的后半生，他在时局的长河中顺流而下，自有逆流反抗的直觉，却又不断否定自己的直觉，他拿不准，又是独自一人坐在船上，更觉彷徨孤独。

沈从文凡事都有一股让人讶异的真诚，连改造自我都是如此。《沈从文的后半生》里写到1949年9月，沈从文给妻子张兆和写信，说自己在把"一只大而且旧的船作调头努力，扭过来了"，后来他写诗，又说自己"已得到一个完全新生"。但一个人无法全情投入自己本就怀疑的狂热，所以在开国大典那天，沈从文完成长诗《黄昏和午夜》:"神武门城楼上大钟大鼓灰尘蒙蒙 / 沉默喑哑相对已半个世纪 / 帝国封建的种种,早成传说故事 / 慢慢在时间下退尽颜色 / 惟剩余点滴片段,保留在老年人记忆中 / 当作生命迟暮的慰藉。"与之对比的是,何其芳在几乎完全相同的时间段里,写了《我们最伟大的节日》,沈从文没法和自己的情感世界做这样彻底的告别,他的确努力把船调头,却撞上暗礁,他失败了。

妻子热烈地献身于"新中国建设",连读初中的儿子都疑惑他为什么"老不进步",觉得他"到博物馆弄古董,有什么意思",家人爱他,却不理解他,沈从文只好从肖邦和贝多芬中寻找慰藉。他深夜写作,第二天又完全扔掉,既因恐惧,也因自卑,他当然不再是过去那个乡下人,连标点符号都不会用却觉得自己会超过契诃夫,但他也没有成为另外一个人,他留在了不能被改造的自我里,微弱抗拒,微弱挣扎。《沈从文的后半生》中有他在革命大学改造时的一段话:"天已接近黄昏,天云如焚如烧,十分美观。我如同浮在这种笑语呼声中,一切如三十年前在军营中光景。生命封锁在躯壳里,一切隔离着,生命的火在沉默里燃烧,慢慢熄灭。搁下笔来快有两年了,在手中已完全失去意义。国家新生,个人如此萎悴,很离奇。"

他不大明白这个世界,也不大明白自己。1952 年沈从文去四川内江参加土改,在信里向儿子描述当时批斗地主的情形:"实在是历史奇观。人人都若有一种不可理解的力量在支配,进行时代所排定的程序……工作完毕,各自散去时,也大都沉默无声,依然在山道上成一道长长的行列,逐渐消失到丘陵竹树间。"沈从文自己其实也是如此,被不可解的力量支配,进行时代所排定的程序,与当时大部分人尚处于政治昏睡状态不同的是,他捕捉到了这一点。在那个时代,对当下政治有更准确判断的,恰恰是两个似乎和政治隔得最远的作家,一个是他,一个是张爱玲。在《赤地之恋》中,张爱玲说"眼前明摆着的事实,这只是杀人越货",书中两个心存疑虑的年轻人相爱,"他吻她,那恐怖的世界终于像退潮似的,轰然澎湃着退了下去"。张爱玲也早早看到,那些以为这一切与自己无关的中国人,将会面临更残酷的命运:"……那样巨大的变动还没有临到他们身上。迟早要轮到他们的,他们现在只是偷生。"多年前沈从文就在自传里写过,自己不想明白道理,却永远为现象所倾心,他的文字准确描述了政治风暴之中众人的茫然麻木,却全无判断,因他本就糊涂,不知如何判断,现在看起来,这些零碎文字成为了那个时代的脚注,不重要,但有总是比没有好。

我不喜欢试图从一个人身上总结时代,因为任何时代里都有格格不入的人,在我看来,1949年之后,中国大陆并没有第二个和沈从文一样有着剧烈自我冲突的知识分子。在五十年代中晚期,他写了一些赞颂的文章,新政权真心让他兴奋,但好友丁西林和张奚若请他申请加入中国共产党时,沈从文还是说自己"没兴趣"。上头曾经鼓励沈从文重新写作,1961年他在井冈山住了三个月，雄心勃勃要写一篇关于共产党员的长篇小说，但是什么都写不出来，灰溜溜下了山。"人民"这个词语被作家们高度偶像化，让向来书写"个人"的沈从文无所适从，1949年后他写过一个短篇小说叫《老同志》，写一个炊事员，沈从文改了七稿，最后的结尾是"在任何地方……都有和老同志一样的劳动人民，在无私无我的为建设国家而努力"，如果抹去作者名，这可能是当时任何一个作家的作品，但这不是写翠翠在梦中被歌声托起、爬上高崖摘虎耳草的沈从文。当被限定为必须为"人民"写作的时候，沈从文丧失了他迷人的文字天赋，后来他也感慨过，自己并不知道需要他写作的"人民"到底在哪里。

他不了解人民，也不知道国家，诚如他自己所说"因为社会变化太快，我就落后了"。1956年沈从文写给大哥的信里说："写小说算是全失败了，不容许妄想再抬头。近来文物工作也搞得不好，如又弄错，还不知再换什么工作会对国家有用一些。"他无比积极热心要为国家做点贡献，但在那一年的局势之下，他的"贡献"却是忙着给《红楼梦》写了几百条注释，倾心于研究诸如妙玉的茶具之类可能"国家"和"人民"都会觉得可笑的问题，历史博物馆的副馆长说他"终日玩花花朵朵，只是个人爱好，一天不知道干些什么事"。沈从文在历史博物馆待了二十几年，最后要调入社科院，馆长的意思是"要走就走"，无人留他，他的单位就像国家的缩小版，其实并不需要他。身边的人则有更让人难以下咽的背叛,当年他帮助范曾解决在历史博物馆的工作,但1966年范写出大字报恶毒批沈,1975年沈从文纠正范曾画商鞅时的知识性错误,则被当面奚落"你过了时,早没有发言权了",沈从文气得发抖,几乎哭了。

然而沈从文的特别之处在于,在总是遭遇这些屈辱的后半生里,他并没有活得屈辱,他在花花朵朵坛坛罐罐里获得了另外的自由和荣誉。每个人的生命中,都会有一束任何时代与国家都夺不走的光,沈从文抓住了它,这支撑着他活了下来,活到可能获得诺贝尔文学奖的八十年代。

在沈从文最后和诺奖错过的1987年,得奖者是诗人布罗茨基,他的演说词名为《美学高于伦理》:"个人的美学经验愈丰富,他的趣味愈坚定,他的道德选择就愈准确,他也就愈自由——尽管他有可能愈不幸。"沈从文稀里糊涂,说不出这样道理清明的话语,但这无疑是他的人生,早在三十年代蔡元培提出"以美育代替宗教"的口号时,沈从文就为这条口号加上附款:"也要代替政治"。在1949年前夕,革命吸引不了他,他喜欢的那些词语,是美感、博爱、道德、自由与和平。因为美应该凌驾一切,沈从文和布罗茨基一样,并不愿意展示自己的苦难。布罗茨基流亡美国后,从来不愿意提及苏联以社会寄生虫的罪名对他进行指控,判处他去俄罗斯北方劳改的经历,他还在课堂上建议自己的学生"要不惜一切代价避免赋予自己受害者的地位"。沈从文并不这样理性地论证道理,但他总有一种直觉，在八十年代访美的三个半月里，他做了二十三场讲座，明知听众更希望听到他个人的经历，那些关于苦难的证词，但他的讲座依然一半关于文学，一半关于文物，通通关于美，这才是沈从文的灵魂所在，和它们比起来，苦难留下烙印，却并不掌控人生。

1957年5月1日，沈从文在上海，画了一幅速写《六点钟所见》，画旁写着"艐艐船还在作梦，在大海中飘动。原来是红旗的海，歌声的海，锣鼓的海。（总而言之不醒）"。在众生昏迷于一些大而化之的概念之海时，沈从文选择沉浸在自己的小小世界里，他总而言之不醒，这就是沈从文的后半生。

**参考书目**

张新颖著：《沈从文的后半生》，广西师范大学出版社，2014年。
沈从文著：《沈从文全集15·诗歌》，北岳文艺出版社，2009年。
沈从文著：《沈从文全集25·书信》，北岳文艺出版社，2009年。
沈从文著：《沈从文全集27·集外文存》，北岳文艺出版社，2009年。
[美]金介甫著，符家钦译：《沈从文传》，国际文化出版公司，2005年。
[美]布罗茨基著，刘文飞、唐烈英译：《文明的孩子：布罗茨基论诗和诗人》，中央编译出版社，2007年。

# 小波和王二：一个自由主义者的阴阳两界

似水流年，要是王小波还活着，他今年刚好六十岁。

小波大概从来没有想象过自己会有这样接近苍老的一天。时间回到四十年前，他让王二在二十一岁生日那天说，虽然生活就是个缓慢受锤的过程，但是"自己会永远生猛下去，什么也锤不了我"。更在几年之前，也是这样的仲夏时分，十七岁的王二和初恋情人线条半夜里爬到实验楼顶上，看到漫天星斗，口出狂言："假如有一百个王二和一百个线条联手，一定可以震惊世界！"王二的人生最远抵达2020年，即使在那时，他还是在写小说，清晨里王二开车去一个"写作公司"上班，柏油地湿得好像刚被水洗过，又黑又亮。停车场上到处是参天巨树，叶子黑得像深秋的腐叶，树皮往下淌着水。在此情此景中，依然没有被生活锤倒的王二来来回回地为一篇小说寻找开头，就像穿越到现实世界里的王小波，他最后的作品《黑铁时代》在反复修改重写中始终未能定稿。

王小波死后这十五年，不断地被重复标签为一个"自由主义者"，因为他早就说过：知识分子活在世上，除自由主义外，无他种立场可取。仿佛一种命运的暗示，今年刚好也是胡适逝世五十周年，作为中国最著名的自由主义者，有媒体说，胡适与自由主义，那是"一种思想和错位的时代"。这句话大抵也能原封不动地用以评价王小波那始终未能被主流话语圈认可的一生，在1997年的4月2日，王小波还在家里向好友李静展示几个月前他拿到的货车驾照，他说："真的混不下去了，我就干这个。"那个时候李静是《北京文学》的编辑，她被王小波肆意浪漫的《红拂夜奔》所震惊，但是她也不知道为什么，王小波的小说在那个并不遥远的时代里"它就是发不了"。

九天之后，王小波死于心脏病。他的哥哥王小平后来说，小波对自己的心脏毛病心里有数，早就预感到了这一天，所以他一向认为只有四十岁前的人生才值得一过。这个自由主义者一生都在阴阳两界里纠结挣扎，像周伯通一样左右互搏，王二知道自己在现实世界中必然格格不入，二十一岁的时候他说"我天真的时候想过，我们应该享受一个光荣的失败"，后来他又提到关汉卿，"他是蒸不熟煮不烂碾不扁磨不碎整吃整屙的一颗铜豌豆。我很赞赏这种精神，但我也知道，这样的豆子是没有的。生活可以改变一切"。但是在王小波的这一边,生活并没有真正改变他,即使过了四十四岁的生日,他还是说:我这一生决不会向虚无投降。我会一直战斗到死。

**诗人这个行当应该取消,每个人都要做自己的诗人**
——《三十而立》

我们习惯把与李银河相遇作为认识王小波的起点。那是在1977年,王小波二十五岁,他写的《绿毛水怪》在小圈子内传来传去,李银河看完之后,"觉得早晚一定会跟这个人发生点什么"。在这篇小说中,王小波作品中的诗意已经展现魔力,比如陈辉和妖妖走在昏黄的路灯下时,陈辉说:"我们好像在池塘的水底。从一个月亮走向另一个月亮。"直到现在,还有作家以"绿妖"为笔名,向这部并不完全成熟的作品致敬。即使还如此年轻,王小波那种对生命和虚无的紧张感已经像时钟一样滴答摆动:"我永远也忘不了叶菲莫夫(陀思妥耶夫斯基小说《涅朵琦卡》中的人物)的遭遇,它使我日夜不安。并且我灵魂里好像从此有了一个恶魔,它不停地对我说:人生不可空过,伙计!可是人生,尤其是我的人生就要空过了,简直让人发狂。"

写《绿毛水怪》时的王小波已经走完了云南兵团的三年劳动、母亲老家山东省牟平县青虎山的三年插队,以及终于回京后在牛街教学仪器厂和西城区半导体厂的数年工人生涯,这十年间的经历将成为他日后创作最重要的来源,王二的故事也就此开始。在王小平看来,那个时候的王小波和李银河并不般配,李银河从山西大学毕业后分到国务院政研室工作,工作地点是中南海,在"实践是检验真理的唯一标准"大讨论时,李银河与人合写的文章发表在人民日报头版,李简直成为了青年偶像,每天收到的读者来信得用麻袋才能装下。而王小波,还是一个街道厂的工人,写着没地方发表的小说,小说里的王二在豆腐厂工作,万事不顺,连厕所里有淫画都要算在他头上,还被人吐口水。

但是王小波身上的自由与诗意打动了一直过着最为体制化生活的李银河,他们的通信后来以《爱你就像爱生命》为书名出版。这些信里,李银河一开始是那样中规中矩,就像那个时代最常见的进步女青年,她劝王小波戒烟,又用社论体说"中国的春天来了,最近社会科学院要办一本刊物《中国社会科学》,这多令人感到鼓舞呵,中国解放的步子终于迈起来了",用这样正经的语句写情信,有点像王小波在杂文里多次嘲讽过的,《庐山恋》的男女主角谈恋爱,站在风景如画的庐山上,不喊 I love you,而是惊天动地地喊 I love my motherland!所以小波打趣她:"你的信真好玩,你把所有的英文词都写错了,只有'党员'写对了,这件事儿真有趣。"

这些信除了那些已经被奉为经典的柔情蜜意之外(最著名

的大概是王小波把信写在五线谱上,然后说"但愿我和你,是一支唱不完的歌"),也处处显露他无法跟时代的齿轮咬合,在前面那个关于"党员"的笑话之后,王小波真诚地说:"银河,我离党的要求越来越远啦。真的,我简直成了个社会生活中的叛逆。怎么说呢?我越来越认为,平庸的生活、为社会扮演角色,把人都榨干了。我们做的每一件事都是尽义务,我们自己的价值标准也是被规定了的。做人的乐趣不是太可怜了吗?难怪有人情愿做一只疯狗呢。"有一封信里李银河感慨"我看报看参考,越来越感到海誓山盟的时代过去了",这句话立刻引发了王小波的反感,他用很少见的严厉语气反驳:"为什么要看报看参考看时代呢?我觉得这些完全与我们无关。不光美国人怎么做与我们关系不大,就是中国人怎么做也不用去考虑它。我就讨厌在这个问题上参考别人。"这种孤独感在王二那里表达得更为清晰,《革命时期的爱情》里,王二说:"我是今之古人。我是阿基米德,我是米开朗齐罗。我和眼前的一切都没有关系。"

1978年,王小波考上了中国人民大学贸易经济系商品学专业,他提到自己大学生涯的文字不多,只在十几年后开玩笑式地说过入学体检的时候"我的肺活量在两千人里排第一,可以长嚎一分钟不换气"。1982年他大学毕业,留在学校教书,和已经成为妻子的李银河比,王小波过得并不顺心,这也体现在了小说里,王二出不了国,分房子打了半天报告才分到一间地下室，又湿又黑，养蘑菇正合适，政治鉴定上写着"王二同志，品行恶劣。政治上思想反动，工作上吊儿郎当，生活上品行恶劣"。

虽然几乎没有留下诗歌作品，王小波从来都知道自己骨子里是诗人，王二狂妄地说过自己"作画时是个颜色诗人，写程序时是个软件诗人"，《三十而立》里他还第一次提到"行吟诗人"这个后来常常被用来形容他的词语。他也知道彼时的中国并不需要他这样用生命写诗的人，但是这是他不可逃避的命运，在《革命时期的爱情》里，王二在墙上凿洞，并且亲手把每一块窗玻璃都打掉，他说："我一个诗人就造成了这么大的灾难，假如遍地都是，那还得了吗？但是不做诗人，我又不能活。所以到底怎么办，这是问题。"

## 人活着总要有个主题，使你魂梦系之
——《革命时期的爱情》

1984年，王小波跟着李银河去了美国，在匹兹堡大学东亚研究中心做研究生。对于刚过而立之年的王小波来说，自由精神与金钱名利之间的冲突，开始真正地困扰他，如此这般界限分明的阴阳两界，并不是仅仅用诗人般的意念就可与之对抗。

在写给同在美国的好友刘晓阳的信里，王小波说："我们背井离乡，到这儿来无非为了名利二字。既然为名为利，就说不上清高。既然不清高，就不配要面子。豁出面皮来撞就是了。"他还非常具体地关心了中央关于工资改革的文件"基本工资40。职务工资，助工70，工程师130，高工200。还有工龄工资"，然后立志"我们出来一趟，好歹拿个MS、PhD回去，据说PhD再熬一年就给副教授。我觉得阳公的话有理，非混个人模狗样不可，就是苦死也抓挠个PhD，至不济也搞个MS，不成就跳太平洋自杀"。他在美国的孤独和挫败感远甚于国内，王二也说过，在美国他和老婆住在一个阁楼上，"我们不理别人，别人也不理我们，就这样过了好长时间"。

王小平后来回忆，当年李银河一个月有400美元的奖学金，还要扣除20美元健康保险。王小波则身无分文，百事不如意，连最简单的英语也听不懂。王二在《革命时期的爱情》里哀叹："到了美国我才知道，原来想要活着就要挣钱。本来挣钱是一件很枯燥的事，我偏把它想得很浪漫。"王二浪漫的方式是把写软件写出诗意，但是王小波其实没有软件可写，他又没有财政资助，成天惶惶然不可终日，只能从事中国人在美国的传统职业：刷碗。

王小波给刘晓阳说，他刷碗一天，挣了二十块钱，累得不善。虽然拿钱的时候心情不错，但是一想到这么干，一星期干六天也挣不出学费来，于是又闷闷不乐。在这封信的结尾，王小波用他那让人哭笑不得的文字写道："今天老婆通过了资格考试，气焰万丈。从泔水桶边归来，益发不乐也。"王二开始意识到，他和别人一样，得爱他恨的人，挣钱吃饭，成家立业，养家活口，"总而言之，除非有奇迹发生，苦多乐少，而奇迹却总是不发生"。

在有阳光的那一边，即使如此捉襟见肘，王小波和李银河还是游遍了美国和欧洲，他们有张照片是挽着手站在草地上，旁边是一口袋拣的苹果，两个人都是一脸傻笑。他眼中的卢浮宫已经被烟熏黑了，意大利到处是古迹和贼，奥地利和德国没有不守规矩的人，荷兰干净漂亮，比利时又破又烂。王小波还对刘晓阳打趣说，他们夫妻以后要是同游欧洲，有几处去不得，比如法国的尼斯（法国女郎游泳不着上装的），还有希腊、南斯拉夫的裸体浴场，因为"晓阳到了那儿就回不来了"。王二也喜欢这些旅程，在《革命时期的爱情》里，王二和老婆在英格兰的一片树林里"享受一个带有雾气，青草气息和寂静无声的性"。

同样是《革命时期的爱情》里，王二早早就知道"人活着总要有个主题，使你魂梦系之"，在美国的王小波在各种颓然中已经找到了这个主题，那就是写小说。在匹兹堡，他通过李银河认识了来自台湾的许倬云，挂在他的名下注册上课，虽然许倬云一直认为王小波应该把当时创作的《唐人秘传故事》一直写下去，但他后来还是把风格体裁迥异的《黄金时代》推荐给台湾《联合报》。这篇前后写了十年的小说得了1991年《联

212　　　　　　　　　　　　　　　　　　　　总而言之不醒

合报》文学奖中篇小说大奖，奖金是25万新台币，比他数年的工资还要多点，得奖消息上了《人民日报》海外版，还被改名为《王二风流记》在香港出版，封面上是裸体的王二和陈清扬，一站一躺在他们"搞破鞋"的云南山林之中。

这一切让王小波在1992年9月辞职，专心写作。

**在人间，尊卑有序是永恒的真理，但你也可以不听**
——《沉默的大多数》

王小波刚回国的时候没有去成人大，李银河在北大做副教授，他在北大帮闲，按照他自己的说法，"我老婆当教授，我狗屁不是。哀乐中年，大概就是这个样子罢"。而在《黄金时代》得了大奖、他辞职后的这一年，第一次真正脱离体制依然让他恐慌，他给刘晓阳写信说："我这一年混得不好，成绩不能和去年比。在港台出的书卖得都不太好。国内有些东西交了稿，但还没出来。现在情绪最糟糕。"他开始异常地对一些琐碎的生活细节感到忧虑，信里他提到刘晓阳的一部丰田车，建议他"其实如果安顿得下，有钱不如买房，买车不值。或者买辆住家车，省得找不着住处"。

1993年3月15日的信里王小波提到有编辑找他，因为邹韬奋的生活周刊要复刊，他后期的杂文生涯是从这里起步，写小说并没有真正带给他多大的名声，他始终是在小圈子内的接头暗号，到1994年他也自嘲过"提起王小波，大家准会想到宋朝在四川拉杆子的那一位"，1995年张元介绍意大利独立纪录片制作人安德烈去拍摄王小波，他拍之前想看点王小波的小说，但是书店里买不到，因为那个时候他的书只在地摊上卖，都是盗版。后来不少人都回忆过，个人电脑刚刚在国内出现的时候，《黄金时代》和古龙金庸温瑞安这些人的小说一起被组合在一张小小的A盘里，大家都要问：王小波是谁？

但是这一系列相对直露展示他思想的杂文，给他带来了一些真正的名声，《沉默的大多数》《一只特立独行的猪》这些都成为当中名篇，不少人在网上坦承，看过他的杂文，但是没有读过显然更加耗费他心血的小说。他的杂文里密集出现的那些关键词，比如自由、有趣、参差多态等等，让很多习惯了整齐划一的人感到陌生而兴奋。1993年王小波把《红拂夜奔》《寻找无双》和《革命时期的爱情》三部小说编成《怀疑三部曲》，序言里写道"我看到一个无趣的世界，但有趣在混沌中存在"，这种混沌，就是王小波孜孜以念的自由；他说起云南那只奋力从安逸的猪圈出走、重回山林的猪兄，"除了这只猪，还没见过谁敢于如此无视对生活的设置"，摆脱生活的设置，是王小波心中实现自由的路径，但他自己也不见得能完全做到。

杂文给王小波带来了一些相对稳定的收入，但是也给他带来了巨大的消耗。如果仔细阅读他最后几年的作品，不难发现他几乎已经枯竭,他读过的文学作品其实有限,反复提及的作家只有卡尔维诺、尤瑟纳尔、杜拉斯几个人。思想性著作更非他的长项,罗素那几本书几乎是他唯一的来源,以至于"大贤罗素说过……"这样的句式在他的作品中鬼打墙一样地出现,仿佛不如此就无以进行论述。他四处写稿,几乎来者不拒,作品发表在《辽宁青年》《演艺圈》这样籍籍无名的杂志上,作品也粗糙重复。李静也说过,在王小波真正看重的小说发表不出来的时候,他后来交给她的小说"实在写得不怎么样"。

《三联生活周刊》的主编朱伟后来回忆,他明显感觉到王小波越写越为思想繁衍能力的不足而焦虑,而且理性纠缠带给他的是小说的想象力枯竭,越来越缺少血肉,在他看来,王小波"死于心力交瘁"。在给王小平的最后一封 email 里,王小波说感到情绪灰暗,觉得自己是个 worm,也就是洋拉子一样的蠕虫,什么都做不好。他还和一个北京的朋友说:我觉得我要死了。

王小平回忆过他和王小波在双榆树走过的一条路:高大的白杨夹道,空中落叶飘坠,脚下是厚厚的一层。脚下的路好像永远走不到头,他们也愿意永远这样走下去,好像可以一直走到天国。"那是一个令人沉溺的境界。我们在不息的穿越空间中陷入梦境,一切都没入薄暮之中,空气也变得黏稠而滞重……当从梦境中醒来的时候,我们发现了一个不传之秘,那就是天国和人间、王子与贫儿、古代和现代的间距其实其薄如纸,只要我们愿意,就可以在两重世界间自由穿行。"对小波和王二来说,此生此世和诗意世界的阴阳两界的距离,也不过就是这样其薄如纸,他手握一张名为自由的通行证,然后骤然死去。

**参考书目**

王小波著:《王小波作品全集》,上海锦绣文章出版社,2008年。

# 春天十个海子没有复活

海子活了二十五年,死了二十五年,到今天,他是一个中年人。

海子不会想成为中年人,二十岁的时候他有一句诗:"岁月呵,你是穿黑色衣服的人。"海子喜欢黑色的意象:黑色火把、黑色土地、黑色太阳、黑色木轮车……最后是黑色的复活。岁月身穿黑色衣服,死神也是如此,但海子选择了后者,这大概因为他对岁月不仅恐惧,而且厌恶。在写给叶赛宁的诗中,海子说"春回大地 / 大地是我死后爱上的女人",叶赛宁投缳自尽,海子不会喜欢这种死法,他希望死亡干净、清晰、充满尊严,"我用头颅雕刻太阳,逼近死亡 / 死亡是一簇迎着你生长的血红高粱,还在生长 / 除了主动迎接并且惨惨烈烈 / 没有更好的死亡方式"。当他写下"春天,十个海子全部复活"时,距离死亡还有十二天,诗里有不那么为人所熟知的句子:

"这是一个黑夜的孩子,沉浸于冬天,倾心死亡。"时间复制粘贴了一次他生命的长度,同样是一个春天,倾心于死亡的十个海子没有复活,一个也没有。

海子死的时候,人们都说他是以身殉诗,连随身带着的几个橘子也被认为是象征太阳。作为他的朋友,诗人西川说自己不否认海子自杀有形而上精神层面的原因,却也列举了那些在今天会被我们直接概括为抑郁症的理由:坚持不结婚、生活孤独封闭、被诗人的小圈子边缘排斥、练气功练出幻觉。最直接的导火索,是自杀前的周五见到初恋女友,海子喝醉了,然后在酒醒之后坚信自己讲了很多伤害她的话,万分自责。也许所有选择都有来路可循,没有人必然将会走向山海关的铁轨,即使他是一名倾心于死亡的诗人,有时候,死和不死之间,不过是一盒百忧解的距离。在海子死后,八十年代北大诗人中的另外两位代表人物,骆一禾脑溢血突发身亡,戈麦自沉于万泉河,这三个人总被捆绑提起,但我反对在这中间寻找任何臆想的联系,诗人总是孤零零的,不管是在人世,还是在死亡。

海子以前就曾自杀过,在1986年11月18日的日记里,他写下:"我曾以多种方式结束了他的生命。但我活下来了,我——一个更坚强的他活下来了,我第一次体会到了强者的尊严、幸福和神圣……我体会到了生与死的两副面孔,似乎是多赚了一条生命。这生命是谁重新赋予的?我将永远珍惜生命——保护她,强化她,使她放出美丽光华。"这件事他在坚持三年后陡然放弃了,"永远"是一句誓言,但绝大部分誓言都不会实现,有时候关乎爱情,有时候关乎生命。在未完成的作品《太阳·七部书》中,海子让"生命"一词反复出现,最触目惊心的一处是"生命,生命是我们与自己的反复冲突"。在这冲突不可调和之时,海子带上四本书(《新旧约全书》、梭罗《瓦尔登湖》、海雅达尔《孤筏重洋》和《康拉德小说选》),在一个清晨从中国政法大学学院路校址出发,前往山海关。海子这一生爱过四个女人,只看过一场电影。电影是陀思妥耶夫斯基小说改编的《白痴》,四次恋情都是悲剧接连悲剧,他叫她们"四姐妹":"荒凉的山冈上站着四姐妹/所有的风只向她们吹/所有的日子都为她们破碎……我爱过的这糊涂的四姐妹啊/像爱着我亲手写下的四首诗……"在离开的时候,海子两手空空,他抓不住尘世的一切:爱情,荣誉,一颗泪滴。他只是一个诗人,徒留诗句。

每一个十年里的人都会有那么一些些优越感,觉得自己经历了下一个十年错过的人生,八十年代的人尤其如此。海子没有留下任何关于八十年代的显赫回忆,他只是在死前两周写下了预言:"北京啊,你城门四面打开,内部空空/在太平洋的中央你眼看就要海水灭顶/海水照亮这破碎的城,北京",在众多关于八十年代的回忆中,海子几乎是不可躲避的背景板,他的死和接下来发生的故事,终结了那十年,一个国家难得的青春期。那些写给八十年代的文字，绕不开这些关键词：诗，酒精，困窘，女人，哲学，精神危机。重读海子后我又重读了《北大往事》，当中最击打心灵的，依然是八十年代的篇章，在下一个十年中，北大和整个中国一起，抛弃了那些游移不定的东西，这没有什么不好，但这不是海子的世界，他的死让人痛苦，却也正当其时。海子的名字在这本书中间或出现，他的诗，他关于太阳的幻觉，他的孤独。有个从来没有见过海子的诗人说，他一直以为，自己将与海子在微笑中相认，这件事情没有发生，这同样没有什么不好，不用惋惜。

  最早阅读海子时，我比他年轻，臣服于他对于世间万物的种种定义："面朝大海，春暖花开"，"当众人齐集河畔 高声歌唱生活／我定会孤独返回空无一人的山峦"，"太阳太远了，否则我要埋在那里"，"人们啊，所有交给你的／都异常沉重……没必要痛苦地提起他们／没必要忧伤地记住他们"……读海子读了十五年，我早已超过他离开时的年纪，惊异地发现他的生活远远比我贫瘠，他是一个多可笑的人啊，不会跳舞，不会游泳，连自行车都不会骑，走进小酒馆想朗诵自己的诗，以换取酒喝，但是老板给他酒喝，条件是让他不要朗诵自己的诗。然而我还是读他："我相信天才，耐心和长寿／我相信有人正慢慢地艰难地爱上我"，"目击众神死亡的草原上野花一片／远在远方的风比远方更远"，"为什么一个人总有一条通往地下再不回头的路／为什么一支旧歌总守望故土落日捆住的地方"……我可能会活得很久，但这个年轻早亡的诗人负责提供的那些，再长的人生，永远也提供不了。

**参考书目**

海子著，西川编：《海子诗全集》，作家出版社，2009年。
橡子、谷行主编：《北大往事》，新世界出版社，2008年。

# 何伟之后

听说陆川要拍《江城》,我把何伟的几本书重读了一遍,从《江城》到《甲骨文》再到《寻路中国》,顺着这个混杂了悲伤、苦难和黑色幽默的国度一路往下,最后到了《奇石》,何伟在广州萝岗吃"黑豆炖山鼠",配料是洋葱、青蒜和姜,从一条老鼠腿开始,他说,"幸好有啤酒……我觉得味道不错"。

我在广州住过三年,"非典"刚过却恐惧未散的时候,那些其实卖人工养殖动物、却一直标榜为野味的餐厅急于洗白,请了一堆记者去吃饭。车在一个度假村里开了许久,经过沉沉树林和未知动物,最后才到了豪华包间,坐下来先看动物照片,老板一一介绍:鸸鹋,蓝孔雀,鳄鱼。十几个人强作镇定,发表评论:"这就是鸸鹋啊,长得好像鸵鸟。""这孔雀还在开屏呢,母孔雀好吃还是公孔雀好吃?""鳄鱼应该煲汤还是红烧?"……过了一会儿,先来一个汤,孔雀汤,不知道公母,我谨慎地喝了一口，又吃了一丝肉，汤非常淡，肉则像一只很老的鸡。后来就是一道道上菜，大家都沉默下来，很少人动筷子，几道素凉菜早早吃完，我期望能再上一盘拌黄瓜，到了最后，一条清蒸鱼撒着碧绿葱丝端上来的时候，每个人都如释重负。我吃了很多鱼，老板送每个记者两个小瓦罐，里面还是孔雀汤。我回到市区，把瓦罐和这件事都迅速扔掉，那场大概三个小时的饭局，最后也就剩下这一百多个字的记忆，一直到我读到何伟的黑豆炖山鼠，我才想到，哦，其实我可以把它写下来。

第一次读何伟，大概是 2008 年，我到了北京，那时的北京蓝天白云，春天满城飞絮，夏日有烈日和暴雨，秋天三里河的路上落满心型银杏黄叶，到了冬天，我坐在落地玻璃窗前，看雪覆盖一切。我爱上这个城市，很快有了稳定的工作、社交和房子，认为自己会永远这么住下去。有一次去朋友家里做客，沙发上看到一本书，封面是灰扑扑的黄色，黄色的山，黄色的河，河上有一只黄色小船，书名是 *Oracle Bones*（《甲骨文》），大概是一本写考古的书吧，我想。

过了几个月，我出国旅游，在新加坡机场看到这本书，就买了下来，它的英语不是很难，我却还是断断续续读了半个多月。故事的确从考古开始，何伟仔细介绍了洛阳铲的结构（那时候我还不知道《鬼吹灯》），但这本书当然不仅仅关于考古，读到最后，我感到非常生气，为自己第一次知道陈梦家的人生，居然是从一个美国人写的书里。何伟写道，当上级宣布教职工和学生都要参加每天的集体运动时,陈梦家踱来踱去,一遍遍地原地转圈,同时大声埋怨:"……这么快!"因为《甲骨文》这本书,我身边渐渐有人会提到陈梦家的名字,但总的来说,他还是一个被历史和记忆屏蔽的人,这似乎成为他的命运,不管是在生前,还是死后。《甲骨文》里说,陈梦家写过《美帝国主义劫掠的我国殷周铜器实录》,但后来印刷这本书作为内部资料时,甚至没有给他署名。

过了几个月,我又读到《江城》,这就更让人生气了,中国人没有写出《甲骨文》,似乎还有一些原因作为虚弱借口,但《江城》呢?涪陵距离我家不远,书中的一切我都熟悉:潮湿的空气,辛辣的食物、混混沌沌屈从于命运的人,他们的无奈、愚昧和让人讶异的勇气。书里写当遇到严重的车祸时,人们会冲过来,一边奔跑一边急切地问道:"死了没有?死了没有?"何伟还准确地引用了鲁迅:"记性好的,大概都被厚重的苦痛压死了;只有记性坏的,适者生存,还能欣然活着。"我念念不忘有一段,何伟指导学生们演《哈姆雷特》,那些彻头彻尾的农村孩子穿上廉价西服,变成丹麦王子,因为怕弄脏衣服,死之前还在地上铺满报纸。生存还是死亡,这是一个问题,从公元八世纪的欧洲皇室到二十世纪的中国农村,这永远是一个问题。我也为家乡写过一本书,但我并没有写出这种故事,尤其是故事中的笑声,何伟在《江城》中说:"错误和谎言我都可以忍受,但我不能原谅幽默感的彻底丧失。一旦没有了笑声,中国也就成了个阴森凄冷的地方。"有什么办法呢？大概是喜剧演员无法抽身出来为自己鼓掌，大部分时候，我只能写出那些阴森凄冷的故事。

《奇石》之后，何伟离开中国，去了埃及，他最新的一篇故事，写开罗的一个垃圾工，读的时候我又在阴森凄冷中看到笑声，"这个国家经历了三部宪法、三位总统、四位总理和七百多名议会成员的更迭，但我门外的垃圾却每天都有人清理"。当何伟再一次静下心来描述一个国家和它的国民时，中国媒体正经历下坠式的衰落，自媒体和创业成为潮水的方向，这当中有制度的限制，却又绝不仅仅如此。在当下的语境中，一个记者停留于记者的身份，几乎就是承认自我的失败，人到中年，谁愿意自己意味着失败？这其实就是何伟所写："在西方，报纸上讲述中国的文章总是着眼于巨大的变化和政治的东西，他们甚至也会根据农村地区发生的一些抗议行为，来强调存在着不稳定的风险。但是，根据我的所见所闻，这个国家最大的焦虑却是极度个体化，极度内在化的。"消费主义没有什么不好，但——恕我直言——当一个国家的媒体精英潮水般以投身消费主义的工作为人生理想，我们每一个人最终都将为此付出我们其实付不起的代价。

以前我读《甲骨文》，羡慕何伟的稿费："在《纽约客》上发表的文章，一个字酬金是两块多美元，这足够让我在北京吃顿午饭了。写一个长句，我就能吃上一周。"现在我则对数字失去了感觉,有一个朋友说,一个公众号一年的利润,会远远超过一家发行量十万的杂志。"那是多少钱?""两三千万吧。""哦。"以上就是关于数字的全部对话,两三千万大概是个很大的数字,但写得再有创意的软文也是留不住的,何伟那够吃一周兰州拉面的长句却永远印在书里,时间和金钱有一种均衡的公平,讨论得失的方式,只能存在于内心。

《聚焦》(*Spotlight*)得奥斯卡最佳影片的时候,我也想过要写一篇文章,为里面近乎于傻的理想主义,但最后不知道要写什么,潮水涌得太快,让我觉得事后祭奠显得多余。就是无端端想到有个朋友的前男友,得过普利策奖,在纽约的时候我们一起吃饭,他拿出一个哪怕以美国人的标准也极旧极破的手机,说:"我爸给我的,他实在看不过去了。"后来他去爱荷华读书,朋友去看他,走之前我陪她逛超市,她选了好几包99美分的韩国拉面,作为给男朋友的见面礼,最后一次听说他的消息,是他正在奋力写短篇小说,依然很穷,也没有创业。

回到中国,有一次读一篇公众号,说前一年(2015)年底深圳滑坡事件时,全国甚至没有像样的调查报道,读到这里,我才知道,哦,原来深圳发生过这件事,失联77人。还有一个爆炸案,我唯一一次看到这件事的后续,是在一个群里,有人开车经过,下来随手拍了几张照片,车和楼的残骸,落满灰尘,让人心悸,曾经住在楼里的那些人去了哪里?现在怎样生活?我搜索了一会儿,依然毫无线索,这也是何伟写过的,"无论每个人有怎样的问题,这也只是他个人的问题,只有他自己能解决,人们对合理制度没有基本的意识,觉得其他人的麻烦和自己没有关系",就是如此简单粗暴的逻辑,对他人经历失去痛感,最终会让每个人的生活成为地狱。

在何伟之后,中国已经走到看起来很远的地方,就像他的感叹,"在北京,让你怀旧伤感的事情,可能仅仅发生在一年之前",但何伟的叙述依然没有过时,就像一条河,流得再急,我们也不可能换掉每一滴水。他的书都出版多时,又早有盛名,我并不想再增加一篇书评,我只是为叙述者的日渐稀少而焦虑,叙述者能改变的东西是非常有限的,但失去他们,河水流动的时候,会更加没有方向和规则,毕竟我们都身处同一条大河,想要流向大海,而不是枯竭和死亡。

**参考书目**

[美]彼得·海斯勒著,李雪顺译:《寻路中国》,上海译文出版社,2011年。
[美]彼得·海斯勒著,李雪顺译:《江城》,上海译文出版社,2012年。
[美]彼得·海斯勒著,李雪顺译:《奇石》,上海译文出版社,2014年。
[美] Peter Hessler, *Oracle Bones: A Journey Between China's Past and Present*, Harper, 2006.

# 不重要的叙述

回家过年前两日,我匆匆看了一遍黄灯老师那篇《一个农村儿媳眼中的乡村图景》。

这是最冷的一年,北京零下十八度,我整周没有出门,从22楼的落地窗望出去,冷空气逐走雾霾,让这个城市有一种严酷的清冽。马路对面原本是密密树林,现在变成一个深不见底的地基坑,那是正在修建的新光天地。住在郊区多年,习惯于把每次出门称为"进城",我还一直担心楼下的老家肉饼倒闭,但我家的对面,居然就快有新光天地。再往前走三百米,六号线地铁的出口,刚修成两栋高楼,开盘价四万,四十年产权,有一天电梯里遇到一个遛狗的大妈,正在跟旁人说:"嗨!一开盘就卖光了!"

我总坐地铁回家,却从来没有注意过那两栋楼,地铁口有一溜儿三轮车,我匆匆忙忙坐上最前头那辆,冬日苦寒,三轮车师傅裹着脏棉袄,护腕护膝皮手套,车内烧煤取暖,一个铁皮烟囱戳出车顶,往外排气。就这样,师傅突突开着他的三轮车,熟练地绕过路障、十块钱五斤的冰糖小橘子、铁板鱿鱼、甜玉米棒子以及我一直没能理解的朝鲜烤冷面,绕过查黑车的协警,最后绕过新光天地后面的一条小路,把我送到小区楼下。这段路有 1.1 公里,我给他十块钱,他会又回到地铁口,排在队尾,再一辆一辆往前挪动,三轮车司机们互相很少交谈,却似乎有一种严不可破的秩序。

从双流机场回老家的路上,我又看了一遍《一个农村儿媳眼中的乡村图景》。窗外是我熟悉的冬天,蒙蒙雾气,罩住枯黄山野,河水退得很低,桃树刷了白漆,春天时城里人会驱车前来看漫山桃花,留下满地垃圾。有时候临近某个县城,就会突然冒出几十栋新开发的漂亮高楼,但在更漫长的时间里,沿途只有破旧房屋,院子里修了石椅石凳,以供大家打牌,村里杂货店卖假雪碧和阿尔卑斯牛奶糖,吃了糖的小朋友满地扔糖纸,公共厕所让人畏惧,百米之外就能凭借味道判断方位……统统这些,构成了概数意义上的四川农村。我坐在姨妈家的车上,经过一片密密匝匝的"小别墅"时,姨妈说:"政府统一建的,你看,修得好漂亮哦!"我看了看那些整齐划一的房子,说:"你以为?其实是为了征地。"车内沉默下来,我意识到自己的不合时宜。

姨妈住在成都农村。她多年前是下乡知青,一直没有回城,在当地找了丈夫，又成为基层公务员，最高似乎做到过副镇长，现在领四千多块一个月的退休金，却只打一块钱底的麻将。我的表弟，一个在华为工作的软件工程师，去年被派去塞尔维亚，年薪超过四十万。他们在成都买了两套房子一个店铺，却始终住在乡下，因为总说就快拆迁，那套房子甚至没有基本的装修。多年前我刚考上大学，上火车前去他家住了一晚上，晚饭后我们出去散步，水泥路尘土飞扬，一边是茫茫包谷地，一边是有咕咕青蛙声的水田，姨妈说："包谷秆甜得很。"过了一会儿又说："克猫儿（四川方言，青蛙）也好吃。"

她是城市户口，有房有车，但在那些没法量化的细处，她的生活和农民并无区别，我打开后备箱放行李，她说"等我收拾一哈"，然后嗖地一声，拖出一个巨大塑料袋，里面装了几十斤她自己种的芹菜，准备带回去分给几个姐妹。大年三十，我们吃了芹菜炒羊肉，姨妈说，这芹菜好，化渣。

上面使用"农民"这个词语时，我自知有绕不过去的贬义，没有办法，我再怎么小心翼翼，政治正确也盖不住城乡鸿沟。又一次读完那篇长文，我既怜悯，又愤怒，为各人千差万别的命运，为被命运鞭打的人却浑然不觉，然而在内心隐秘之处，我也松了一口气：幸好，我没有生在农村，也没有嫁给农村人。我们大部分人的人生，是一场从负数努力往零挣扎的竞赛，我看着脚下负一百分的泱泱人海，庆幸于自己，能从负五十分跨出第一步。

有时候我会替上一辈想象当年不用上山下乡的命运,但他们对此并不敏感,我的父母,在做知青时成为恋人,最近刚回农村庆祝了下乡四十周年,二十几个人喜气洋洋,在一面白瓷砖墙面前合影,好像是庆祝高考成功四十周年。在这样的喜气洋洋之下,没人去计算那些被侮辱与被损害的人生,青春和记忆给万事万物加上柔光滤镜,怀旧只能是山楂树式的美好,质问和清算既没有路径,也是又一种不合时宜,就像《日瓦戈医生》里的杜多罗夫,被流放后回来,恢复了公民权,又重新在大学任教,他大谈自己"在政治上受到了再教育,大开眼界,成长为一个真正的人",日瓦戈气愤于这些言辞,"一个不自由的人总把他所处的不自由状态理想化"。也有更中国式的叙述,《繁花》中姝华下乡前,几人去苏州河,水上汽艇拖来未名死尸,众人不响,湖州娘舅祷祝说,"做人有悲有苦,不要觉得冤枉",中国人惯于如此,用无常代替追问,活下来就好,死了的,那也是命。

爸爸的大哥,"文革"中因家庭成分不好,只能娶一个农村女人,然后扎根农村,他们生了三个儿子,大儿子在一种无人知晓的孤独中,喝农药自杀身亡,二儿子得了一点小病,按照农村人的习惯,舍不得进城花钱,就在村里看了个赤脚医生,煎两副中药。他在一周内突然死亡,死时肚涨如鼓。那是一个夏天,下怒火滔天的暴雨,我记得大家用简陋担架抬着他的尸体,走漫长的黄泥路到村口,等待一辆货车送他去火葬场,骨灰装进一个廉价陶罐中，匆匆葬在村里某处，我们从来没有给他上过坟，他死于十五岁。

爸爸的二哥有相似的开端，和一个看起来光明得多的结局。他在西昌下乡后留在当地，也娶了农村女人，生了一儿一女，儿子读完博士后一路晋升，现在不到四十岁，已是四川农业大学的博导，女儿正在中国人民大学读西方经济学的研究生，但他自己，却完全已被生活推倒重来。爸爸有一年去看他，回来跟我说，二爷每天几乎只做一件事：坐在村口马路边看车。因为也做过基层官员，他不缺钱，但钱对他来说，失去了推动生活向上的意义。

这些故事，和它们带来的痛苦自顾自生长，在困扰我十几年之后，突然爆发为我的第一批短篇小说，写得不够好，故事中的苦难总显太过赤裸，我那时也不懂，只知苦难由命运写就，但命运，一半来自个体的挣扎，一半来自环境的善恶。后来我写烦了，也困惑于书写真实，是否会袒露他人隐私，我开始写在大城市中生活的人，我写北京、纽约和东京，日常生活的烦恼、爱情、事业、内心，也具体，也让人痛苦，但那是完全不一样的痛苦，就像我家的双层玻璃，质量不大好，用了十几年，中间升起一团白雾，不妨碍什么，只让人烦心，但我们毕竟生活在坚实的钢化玻璃之内，我以前写的那些故事，玻璃早就碎掉了，向外望出去，是命运的深渊，无边的恐惧。

现在书写的这些城市，我都生活过，纽约有一年，东京有四个月，北京则看不到终点。2015年春节我去了伊斯坦布尔，住在博斯普鲁斯海峡边的宾馆里，如果愿意，我可以今年去巴黎，明年去伦敦，我可以每一个春节都在国外度过。国外当然很好，在京都的几天，我没有在地上看到一片纸屑，一旦回到老家，走在路上必须谨慎避开浓痰、果皮和任何一种可能的垃圾，这让我既厌恶，又伤心。对故乡的情感是一种本能，但作为一个成年人，我并不靠本能活着，我求学和工作，是为了让自己能对生活有所选择，能走得更远。然而走到火星又有什么用呢？引力必然把我拽回原地。作为个体，我的内心和生活都可能更加自由，但情感是比法律更严厉的羁绊，就像《卡拉马佐夫兄弟》中伊凡的疑惑：一个人，不可能独自得救，哪怕为此拒绝天国。

有一年，也是从双流机场回家，我另一个表弟，从农村出来的包工头，热心地驱车两百多公里前来接我们，那辆车只要六万块，后座狭小，但想到过往人生，他已经走了很长的一段路。多年之前，我恍惚记得他在老家的夜总会中当保安，和某个"小姐"恋爱结婚，生了一个儿子，后来他们离婚，两个自己还在为生存挣扎的年轻人，没人肯要孩子，就扔给了我的姨妈姨父。某一个春节，我亲眼见到，丁点儿大的小朋友抱住他的腿，哭闹着让他不要走，但他一巴掌打过去，骑上摩托车，我妈说，他是要去打牌。

中间几年他不知所踪，我们也都不怎么关心，不知道怎回事，真的让他挣扎出来了，他在长江上承包了修坝的工程，从村里带了几十个工人过去，一年能挣几十万。他又结了婚，在老家最好的地段买房，把姨父接过去给工人们煮饭，这样又有三千块的工资算留给了自家人。他又生了一个女儿，这一次，他坚决把女儿带在身边，给我一张张看小姑娘的照片，小姑娘总是一模一样的嘭嘭肉脸，但他看了又看，自言自语说："太乖了。"那个前妻生的儿子，现在也住进新房，读我们市内最好的小学，从他这里，我清晰看到，原来对孩子的爱，原来所有的爱，既是本能，也有前提，在宽裕放松的时光里，每个人都显得更加善良温情。

他们大概是我农村亲戚中的最佳样本，但前两天和妈妈闲聊，她无意中提到，这两天姨妈去了乡下，因为姨父的父亲做寿。我吃了一惊，"他爸还活着？"我妈呸我一口，人家父母都活着，还挑一百多斤的担子呢。真的是这样，两个八十几岁的老人，独自住在农村的破房子里，橘子成熟的季节，他们挑一百多斤橘子去赶场售卖，如果运气足够好，他们能卖接近两百块钱。在某种程度上，他们也是那个多年前被父母遗弃的小男孩，没有办法，负重太多的人是没法起飞的，像一场冷冰冰的家庭重组，他们作为债务，被剥离出来，以保证其他人轻装上阵、面对生活。就像奥斯维辛中，有人暗暗期望自己病弱的父亲死去，这样他就不用再分给他自己仅有的那一点点面包。现在的我，不会再对姨父和表弟心生鄙夷，因为命运对他们的人性有更残酷的试探，而我，不过是多一点运气。

黄灯老师说，她之所以写这篇长文，是担心"这个世界的声音将变得无比悦耳。当像哥哥这种家庭的孩子、孙子，很难得到发声的机会时，关于这个家庭的叙述也就不容易进入公共视野，那么，关于他们卑微的悲伤，既失去了在场者经验的见证性，也可能丧失了历史化的可能"。这段话让我在春节假期中写下这篇文章，一个并不重要的叙述，关于我并不真正熟悉的农村。如果这真是一个"不能辜负"的时代，它可能是时代的杂音，愿有更多不重要的杂音文本留下来，它们自会慢慢汇聚，凝固时间，成为历史。

**参考书目**

黄灯著：《大地上的亲人：一个农村儿媳眼中的乡村图景》，台海出版社，2017年。

[俄] 帕斯捷尔纳克著，力冈、冀刚译：《日瓦戈医生》，浙江文艺出版社，2010年。

# 不要回答不要回答

2014年底,英剧《黑镜》(*Black Mirror*)推出一个圣诞特辑,名为《白色圣诞》(*White Christmas*),却依然是这个系列的沉沉黑色。《黑镜》之前拍了六集,以各种方式想象未来世界:英国首相在网络民意的压力下被迫当众与母猪交配;人类穿同样的衣服,只能靠日复一日骑同样的自行车,换取基本生活消费点数;大脑被内置芯片,你八万年前说过的某句话都可以被爱人检索提取,成为两人为琐事争吵中的铮铮铁证;杀人犯会被鬼打墙一般轮回折磨,永无尽头,你并不能得到死亡的救赎,因为死亡是太过仁慈的惩罚;科技让极权美梦成真,甚至超越了美梦所能抵达的深度,《1984》也难以料到,有一天我们的世界会笼罩在铺天盖地的摄像头之下,却并没有多少人意识到这也是老大哥的眼睛。

反乌托邦是文学和电影的经典题材,在中国作家对未来的想象还停留在灿烂光明的小灵通漫游时,最重要的反乌托邦三部曲早已经完成:《我们》《美丽新世界》以及《1984》。三部书概括通往奴役之路的两条捷径,科技与国家权力,它们时而结合,时而分离。作为构造迥异的杀伤性武器,两者有着相同的敌人:自由、爱情和个人主义。三部曲中,扎米亚京的《我们》成书最早,写于十月革命之后的1920年,书名的含义在一开篇就已经揭示清晰:"谁也不是'单独的一个',而是'我们中的一个',我们彼此何等相似。"在扎米亚京的乌托邦里,进入26世纪的人类是如此彻底地丧失了自我,他们以数字命名,平日的娱乐方式是四个人齐整整一排往前走,按照规定,每隔一段时间他们可以放下玻璃房间的帘布,过一个小时性生活……更关键的是,他们认为这就是文明,在想象过往时代时,自由意味着无组织的蛮荒之地,意味着国家的软弱,"这个国家(竟敢自诩为国家!)对性生活放任不管——这岂非咄咄怪事:不管是谁,在什么时候,进行多少次……都悉听尊便,完全不按科学行事"。

一切都收编为国有,名字、家庭、情感、性,最后是时间。《我们》中人类一天有两次个人时间(16点到17点,21点到22点),但书中的"我"将其视为巨大的统一机体中尚未完全修复的系统Bug,"我坚信,或早或晚总有一天,在我们的总公式中,这些时间会占一席位置,总有一天这86400秒全都会纳入守时戒律表"。在扎米亚京写下这段话的接近八十年后,罗马尼亚作家诺曼·马内阿在《流氓的归来》中又强调了国家对时间的控制："紧接着空间收归国有之后到来的"，是所有新发明创造中最非同凡响的创新，"时间收归国有，这是通向将人本身收归国有的关键性一步，因为时间实际上是人们保有的唯一财产"。两个作者有着类似的命运，《我们》在苏联被禁止出版，扎米亚京在被严厉批判后流亡异乡，死在巴黎，这本书的第一次出版是用英文；马内阿童年经历纳粹集中营，成年后在祖国饱受审查与批判之苦，最终选择流亡，当然，他在经历了两种极权后存活下来，仍在写作。两本书的不同在于，扎米亚京想象未来，马内阿描绘当下，时间最终证明了写作者关于时间的寓言。

反乌托邦作品大都极尽冰冷阴暗，与当下生活的明显隔膜，让它们分外恐怖，却又让这种恐怖和现实世界拉开了距离，反过来削弱了它们对人心的冲击。毕竟我们谁也没有见过白色墙面上写着"战争即和平 自由即奴役 无知即力量"（《1984》）；我们的孩子并不出产于中央伦敦孵化与条件设置中心（《美丽新世界》）；人类并没有剩下最后一个"雪人"，而他的伙伴都是由生物技术制造、毫无缺点的"秧鸡人"（《羚羊与秧鸡》）；婚姻尚未取消，女人们还没有被逼迫以"为社会服务"的名义与统治者过夜（《2217年的一个夜晚》）；外国人、同性恋者和反对人士还没有被抓入集中营处死（《V字仇杀队》）……创作者们描摹的这些场景，因为过于新奇，反而让我们产生"这不可能发生"的心理预期,但是不要忘记,大师们总有一种奇异直觉,陀思妥耶夫斯基早在1869年创作《群魔》时就预言了俄国将会被极权主义的幽灵攻陷,而托马斯·曼在1924年出版《魔山》,预言接下来十年将要降临欧洲的东西。

人类不会砰然一声坠入未来世界,就像六百万犹太人也不是一夜之间被送往奥斯维辛,未来会悄声而来,将当下生活渐渐吞噬殆尽。三崎亚记的《邻镇战争》出了中文版,这本书描述了极权主义如何和绝大部分人的日常生活并行不悖,书的一开端,普通的上班族北原修路收到和邻镇开战的通知单,一张小小的纸,"夹在镇民税缴纳期限和下水道费用的通知中间",他本和这场列入镇政府五年计划的战争毫无关系,唯一让他担心的是在上班路线更改之后,自己可能会迟到。当他莫名其妙被选为"战争期间的侦察员",恐怖才真正侵蚀了他的生活,北原修路需要和"战争推进室"的工作人员香西假结婚,搬去邻镇生活,开展看不出有什么具体内容的侦察活动。

战争很快结束了,这是一场高效而成功的战争,虽然有人伤亡,但伤亡人数被严格控制在预算之内,普通居民对战争的意见,集中于"战争损坏了两家人的窗玻璃,但为何补偿款不一样"或者"除了房屋损坏之外,噪音等也能赔偿吗"等等看起来比他人的死亡更重要的问题。战争的目的在最后才得以解答:促进行政财政提高效率,振兴当地中小企业,强化居民归属意识……难以相信,就是这些冷冰冰的官方话语吞噬掉生命与爱情，和接近一百年前的《我们》相比，这是一种更为隐秘的个人主义溃败。

这几年经历的一切事情，让我更恐惧类似于《邻镇战争》的现实世界，或者说，在某种程度上，我们已经生活在这样的世界中。在诸事不顺的 2014 年冬天，我回到老家住了一个月，生活缓慢静滞，我和家人讨论门前花园长出须根的榕树，憧憬夏天时爬满窗户的红色九重葛。我们在门口小店吃当天现杀的羊煮的肉汤，羊肝烫十秒就要捞起，酸辣羊血用来拌饭，乳白羊汤氤出暖湿烟雾。某一天有四川冬天难得见到的阳光，我们去了一个河边小镇，那条河快要汇入沱江，水面曲折有光，花一块钱就能坐船到对岸，大家坐在河边藤椅上，聊完全想不起具体内容的天，不远处有男人在窸窸窣窣砍毛竹，竹叶飘过河面，我们看着太阳渐渐西沉。那个下午让我无比清晰地看到，平行世界的确存在，在有光的这一边，我们谈论闲话，享受爱情，在背阴的那一面，我们试图反抗，吞下苦果。我穿梭于两个世界中，无法做出选择，因为我渴望平静，也渴望尊严。

在刘慈欣的《三体》中，人类向宇宙发出信号，第一个接收到信号的三体人 1937 号观察员怜悯我们，他偷偷对全人类说："不要回答！不要回答！"未来世界就像外太空，也许有一万种美好可能，但我不敢冒险，只想停留当下，我不要回答，不要回答。

**参考书目**

［俄］尤金·扎米亚京著，顾亚铃等译：《我们》，作家出版社，1998年。
［英］赫胥黎著，陈超译：《美丽新世界》，上海译文出版社，2017年。
［英］乔治·奥威尔著，孙仲旭译：《1984》，译林出版社，2013年。
［日］三崎亚记著，林青华译：《邻镇战争》，上海译文出版社，2014年。
［罗］诺曼·马内阿著，邵文实、梁禾译：《流氓的归来》，中信出版社，2015年。
刘慈欣著：《三体》，重庆出版社，2008年。

# 使女的故事和不仅如此

玛格丽特·阿特伍德（Margaret Atwood）开始创作《使女的故事》(*The Handmaid's Tale*)是在1984年，西柏林。一个意味深长的年份，一个意味深长的地点，她脑子里总想着奥威尔的《1984》。阿特伍德后来写过，每逢周日，东德空军都会发出巨响，以提醒这边的人他们近在咫尺。她在那段时间访问了捷克斯洛伐克和东德，那种铁幕之下国家的警惕、窥视和人们传递信息的隐晦方式，不由自主渗透进了她正在构思的故事，她总见到人们在某个建筑面前说"这里以前是……后来消失了"，那些曾经存在、后来消失的东西，构成了《使女的故事》最让人震动的部分。

《使女的故事》出版后成为阿特伍德的成名作，入围了一堆奖，也得了几个。每年得奖的小说是很多的，大部分也就这么过去了，这本书却没有。电视剧推出后，这本书上了《纽约时报》畅销书周榜，是虚构类中唯一一本非本年出版的作品，在开出的今年诺贝尔文学奖赔率中，阿特伍德排在第二位（第一名依然是我们熟悉的村上春树），这当中似乎也有某种因果关系。

纽约的朋友2017年1月就热情洋溢地向我们推荐了《使女的故事》，邮件里他说，这本书讲的是当我们被剥夺自由时，渴求的往往是生活中那些最寻常不过的东西，"一杯好咖啡，一次恋人的触摸，一个慵懒的家中午后"。也正是这个朋友，在川普当选后万念俱灰，"我只能逃避想这些问题，看看电影读读书"。从川普当选到《使女的故事》热销，这当中有某种被反复叙说的关联，却也不仅仅如此。

《使女的故事》看起来是一个关于未来的故事（以下提及的均为书中情节，和电视剧略有差异），美利坚合众国已经沦陷，代之以极端原教旨主义立国的"基列共和国"，《圣经》被视为不可辩驳的最高真理，且需逐字逐句严格遵守，于是在生育率急剧下降的现状之下，《创世记》中拉结让使女比拉为雅各生子的故事成为范本，"使女"由此开始了她们作为"大主教"（基列共和国的当权者）生育机器的命运。她们被剥夺了一切，名字（所有使女的名字都以of作为前缀，后面是她们从属的大主教的名字），身份，家庭，爱情，阅读的权利，让人烦恼的毕业论文……构筑日常生活的一切，都像阿特伍德看到的那些建筑，成为了曾经存在、后来消失的东西。

基列共和国位于当今美国麻省，行政中心设立在哈佛大学遗址之上（又一个"这里以前是……后来消失了"），但哈佛大学的所在地又曾经是一所清教徒神学院，历史和未来在同一地点产生一种环形的奇异交织，让你疑惑书中的故事到底指向时间的哪一端，书中陈列受刑者（做堕胎手术的医生，开明的神父和同性恋者）尸体的城墙，其实是著名的哈佛墙，生和死之间的距离原来如此其薄如纸，自由和极权之间亦然。整本书的第一句话是"我们的寝室原本是学校体操馆"，这里曾经举行比赛，观众中有那些穿着呢子短裙、只戴一只耳环和把头发染成绿色的女生，我们当下熟视无睹的日常，有"性、寂寞及对某种无以名状之物的企盼"，但这些突然之间都消失了，代之以使女和她们的简易行军床，皮带扣上挂着电动赶牛刺棒的嬷嬷，昏暗灯光下的唇语，她们通过这种方式交流名字——成为使女之前的名字，一种她们现今已经不配拥有的奢侈品。使女也不是这场噩梦的最深层，下面还有 econowives（下层社会男人的妻子）和 unwomen（无法生育的使女，女权主义者，女同性恋），unwoman 会被送至殖民地清理放射性废料，等待死亡，但也许死亡并不是最糟的结局，最糟的是你并不知道生活还能坠落到哪里。

因为书中的压迫方（政教合一的权力）和被压迫方（主要是女性），《使女的故事》也被视为反宗教和女权主义作品，又是两个阿特伍德并不怎么喜欢的标签，她说，这本书反对的并不是宗教，"它反对的是将宗教作为暴政的掩护，这完全是另外一码事"。暴政也绝不仅仅针对女人，每个人的自由生活与情感，以及它们所依托的制度和意识形态，才是暴政真正要摧毁的东西，任何一种暴政都是如此。故事中每个人也都有每个人的痛苦，使女们不用多言，妻子们忍受嫉妒，高高在上的大主教希望使女给他一个真正的、和性交与生育无关的吻，这一切像一场等级森严而笼罩万物的瘟疫，有人死去，有人幸存，但没有人真正能逃脱出去。

女主角（书中并未出现她的真名，但电视剧中她叫 June）在成为使女后，发现自己总想念自助洗衣房，想念她走过去时穿的短裤和牛仔裤，想念她放进洗衣机里的那些微不足道然而属于她自己的东西，"自己的衣服，自己的肥皂，自己的钱"。自助洗衣房代表着你曾经能掌控自己的生活，但忽然之间这些都消失了，以上帝和安全的名义。和《1984》中的温斯顿一样，她试图通过性找回这种掌控感，她和大主教的司机疯狂偷情做爱，直至怀孕。在书的最后，她被神秘力量带走，他们有可能是来自"上面"的执法者，将她带至死亡，也有可能是密谋推翻基列国的革命者，将她带至光明，再一次，她无法使用自助洗衣机，只能等待命运。

反乌托邦小说看多了让人厌倦，因为关于未来所有的可怕、残酷和匪夷所思似乎都已经被人预言，但《使女的故事》并不是一个预言，恰恰相反，它基于脚踏实地的历史。阿特伍德在1999年就说过,"切记,在这本书中我使用的所有细节都是曾经在历史上发生过的。换句话说,它不是科幻小说"。这些历史(相当一部分甚至是现实)包括集体处决,禁奢法,焚书,党卫军的生命之泉计划,阿根廷将军偷窃幼童的行为,齐奥塞斯库治下的罗马尼亚禁止堕胎和避孕,蓄奴制,一夫多妻制,基要主义派别接管新泽西天主教团体,这一派别把妻子叫作handmaidens(阿特伍德在这个单词下面划了一条线)……人类的罪恶无须想象,已可无限列举,这也是《使女的故事》真正让人毛骨悚然的原因。今年她再次出来否定了"预言"说,并将其定义为"反预言"(anti-prediction),阿特伍德说,如果未来能被如此细致地描述,那也许它就不会发生,但这种一厢情愿也很有可能是靠不住的。

用过去的故事,制造出关于未来的恐怖感,这让《使女的故事》真正区别于其他反乌托邦作品,因为历史本身就证明了历史的重复性,这一切既然曾经发生,那也可能再次发生,谁知道呢?而这种改变也许不再是通过一夜之间的革命或政变,它只是缓慢而静默地发生了,像一条河,从一滴水到另一滴水,悄悄偏转了整个方向。也许我们只是今天失去一本书,明天失去一杯酒,我们浑然不觉,照常生活,以为自己还可以随时使用自助洗衣机,就这样,直到最后,使女的故事变成了我们的故事。

**参考书目**

［加拿大］玛格丽特·阿特伍德著,陈小慰译:《使女的故事》,上海译文出版社,
　　2017年。
［英］乔治·奥威尔著,孙仲旭译:《1984》,译林出版社,2013年。

# 肖斯塔科维奇：见证与噪音

1

肖斯塔科维奇是彼得堡人，但我在彼得堡没有找到他的故居，也许因为他更多和"列宁格勒"联系在一起。名字意味着定义，布罗茨基说自己厌恶用这个名字来称呼这座城市，战争刚结束时，它空空荡荡，看上去尚不像"列宁格勒"，而"既然是一个幸存者，就不应以列宁来命名"。

以列宁命名的城市大概应该是这样的：一环一环的封闭道路，绕着同一个中心，宽阔广场，广场里用花朵组成标语，冬天冷而不怎么下雪，整个城市没有尽头地脏下去，夏日头顶有灼灼毒太阳，人人睁不开眼，抱怨生活，又服从命运。彼得堡阴郁而分散，一年只有三十个晴天，剩下的日子属于雨雾之下铅灰色的涅瓦河，阴沉的冬宫，阴沉的青铜骑士，孤零零立在马路旁,普希金在诗中说,从没有见过阳光的森林,在四周喧哗。布罗茨基一直没有回到彼得堡,他死后葬在威尼斯,没有墓志铭,威尼斯是没有经历过名字的变迁及其苦痛的彼得堡,同样被河流所分割,同样一直下沉。

现今的彼得堡更记得那些和"列宁格勒"格格不入的人,阿赫玛托娃故居,纳博科夫故居,陀思妥耶夫斯基故居。1869年,在欧洲躲了几年赌债的陀思妥耶夫斯基回到彼得堡,开始创作《群魔》,一个发生在彼得堡,却暗示彼得堡必将变成"列宁格勒"的故事,"《启示录》里的天使断定,往后不会有时间了……我知道。那里说得很对,既清楚又精确。当全人类都得到幸福的时候,时间也就不会有了,因为用不着了",陀思妥耶夫斯基在不认识列宁的时候就看到了那些将由列宁们带来的东西。

陀思妥耶夫斯基一直写彼得堡,下雨,泥泞道路,在泥泞道路上行走的马车,坐在马车上狂热的人们,被魔鬼引入荒野,犯下杀戮而不知忏悔,只知目的而没有道路,种种这些引向了斯塔夫罗金、伊凡和列宁格勒,肖斯塔科维奇投身其中却又一直想逃匿的列宁格勒,是他亲手为这座城市创作了背景音乐(《列宁格勒交响曲》,1941年)。1975年肖斯塔科维奇去世,几乎所有报纸都刊登了他的官方讣告:"我们时代的伟大作曲家,苏联最高苏维埃代表,列宁勋章与苏联国家奖章获得者季米特里·季米特里耶维奇·肖斯塔科维奇逝世了,享年六十九岁。共产党的忠诚儿子，杰出的社会和国家活动家、人民艺术家肖斯塔科维奇为苏联音乐的发展献出了他的一生，坚持了社会主义、人道主义和国际主义的理想……"第一个在讣告上署名的人是勃列日涅夫，后面则有秘密警察头子和国防部长。肖斯塔科维奇一生都在等待枪决，三十年代被定性为"人民公敌"，他收拾好行李，整夜站在电梯口等待被捕，后来这成为他最著名的形象，前两年朱利安·巴恩斯（Julian Barnes）出版肖斯塔科维奇的传记小说《时间的噪音》(*The Noise of Time*)，封面就是他拎着小箱子，仓皇后望。秘密警察们的确喜欢半夜抓人，但他们从来没有来抓过他，还在他的讣告上签名，深情称他为"人民艺术家"。

肖斯塔科维奇似乎得到了一切。在西方，他是"二十世纪最伟大的作曲家"，在苏联，斯大林让他为国歌谱曲，没有多少人能像他这样，在当下安全和传世声名之间，维持了一种精确而微妙的平衡。高尔基？据说是被斯大林害死，再说了，现在有谁还会去读高尔基？法捷耶夫？斯大林时代的苏联作协总书记，帕斯捷尔纳克的邻居，他无法躲避批判帕的任务，但在开完批判会的第二天，法捷耶夫总是隔着篱笆对帕斯捷尔纳克说："鲍里斯，忘掉我昨天说过的那些话。"他同情曼德尔施塔姆，一直想推动阿赫玛托娃诗集的出版，但灵魂深处的犹疑和挣扎写不进历史，作协书记就是作协书记，他无法摆脱职务对自己的定义。赫鲁晓夫上台后，整个作家界都把自己遭受的迫害迁怒于他，法捷耶夫开始酗酒，死于自杀，留下一封遗书，"作为作家我的生活失去任何意义，我极其愉快地摆脱这种生活，有如离开向我泼卑鄙、谎言和诽谤脏水的世间"。帕斯捷尔纳克？不敢接受诺奖，给《真理报》写信公开承认错误，还一再声明这纯属自愿，"我没有受到迫害，我的生命和自由均无危险，绝对没有"。这没什么奇怪的，他一直是个软弱的人，这种软弱也并不可耻，只是让人失望，那毕竟是帕斯捷尔纳克，我们总想从他那里得到更多。以赛亚·伯林在《苏联的心灵》(*The Soviet Mind*)中写过，1934年斯大林致电帕斯捷尔纳克，询问曼德尔施塔姆朗读那篇著名的讽刺自己的诗篇时，他是否在场？帕避而不谈，却一味强调与斯大林见面的重要性，希望与其面谈。斯大林最后冷冷地说，"我要是曼德尔施塔姆的朋友，我本应该更清楚如何去保护他"。以赛亚·伯林说，帕不得不背负着这段记忆度过余生。

但帕斯捷尔纳克毕竟还有"余生"。曼德尔施塔姆1937年因"未知疾病"（苏联官方语）死在符拉迪沃斯托克集中营，据说狱友们把他的尸体留了好几天，扶着去窗口，因为可以多拿到一份口粮。四十年之后，小行星3461以曼德尔施塔姆的名字命名，一套我们非常熟悉的制度运行体系，在轻飘飘的死亡之后，他获得了轻飘飘的"平反"。就这么算了吧，还能怎么样呢？历史对他说，你好歹拥有了一颗星星，更多人死掉就是死掉，像星空中的一点尘埃。

哪怕在那些倒霉的俄罗斯诗人中（古米廖夫以反革命罪被处决，叶赛宁、马雅可夫斯基、茨维塔耶娃先后自杀身亡），曼德尔施塔姆仍然是最倒霉的一个，他也不够聪明，聪明的人应该看透这一切，却又幸存下来，同时获得荣誉，就像帕斯捷尔纳克，或者肖斯塔科维奇。帕斯捷尔纳克在《日瓦戈医生》中说："一个崇高完美的理想会变得越来越粗俗，越来越物化，这种事件在历史上是屡见不鲜的。希腊就是这样变成了罗马，俄国的启蒙运动也就这样变成了俄国革命。"他还建议我们都去读读勃洛克的诗，"我们是俄罗斯恐怖岁月的孩子"。

勃洛克的霉运则略有不同，没有谁比他更热忱地拥抱革命，却又更迅速地获得失望。1921 年，勃洛克在普希金逝世八十四周年的纪念日上讲话，他说："和平与自由被夺走了……生活失去了意义……杀死普希金的不是乔治·丹特士的子弹，而是没有自由喘息的空气。"那时他已经不再写诗，产生幻觉，总能看到鬼怪和幽灵，半年之后，勃洛克死于急性心内膜炎，就在彼得格勒，这座城市的另一个名字，从"彼得堡"到"列宁格勒"的过渡期。勃洛克的幸运在于，他死时，虽然列宁已经胜利，但四周尚有彼得堡的痕迹。

肖斯塔科维奇那时只有十五岁，正在彼得格勒音乐学院学习。他是个天才，九岁学琴，两年之内就弹完了巴赫《十二平均律》中的全部前奏曲和赋格，1917 年，十一岁的肖斯塔科维奇创作了《悼念革命牺牲者葬礼进行曲》，送给推翻沙皇尼古拉二世的二月革命。

1917年9月，列宁从芬兰回到彼得格勒，肖斯塔科维奇站在芬兰车站的欢迎人群中，戴着红领巾，这位天才少年，浑然不知眼前的人将改变这座城市的名字，和自己的命运。

2

奥尔加·格鲁辛（Olga Grushin）出生于1971年，似冻非冻的勃列日涅夫时期，现在她有美国和俄罗斯的双重国籍。她的故事总发生在苏联，又总和艺术有一些关联（她完成了三部长篇，第一部关注绘画，第二部关注音乐，第三部关注诗歌），大概"苏联"和"艺术"有一种内生的剧烈冲突，却又在外部相安无事，一种奇异的均衡。她的第一本书《苏哈诺夫的梦幻生活》（*The Dream Life Of Sukhanov*）写一个天才画家，为了生活的安全与安逸，他放弃掉一些东西，又服从于另一些东西，成为苏共体制内官员———一条常见的路径，像一个走得更远的肖斯塔科维奇，也像肖斯塔科维奇一样，他并不能轻易地摆脱过去，道德是那种你有时候甚至意识不到它的存在、最终却总会跳出来给你重击的东西，这一切就像米沃什的诗："你最好学会喜欢你的羞耻因为它会跟你在一起。它不会走掉即使你改换了国家和姓名。可悲地耻于失败。耻于供宰割的心。耻于献媚的热忱。耻于机巧的伪装。"格鲁辛说，这是一个关于背叛的故事，至于她的第二本书《排队》(*The Line*)，格鲁辛则说，这个故事关于希望。

《排队》最后的"史实记注"里写了故事的来源。1962年，出走多年的斯特拉文斯基接受苏联邀请，回到祖国访问，他将在列宁格勒指挥一场音乐会，"音乐会门票在演出前一年开售，购票过程演变为一种复杂而独特的社会体系，人们相互协作，轮流排队。一年的等待之后，斯特拉文斯基的一位八十四岁的姻亲姊妹没能去听音乐会，因为门票已售罄；她排队的号码是5001"。这本书以四季为序，写了这长达一年的排队故事（斯特拉文斯基化名为瑟林斯基），它并不确切发生在1962年，而是糅合了斯大林、赫鲁晓夫和勃列日涅夫时代（书中含混表示这是"大变化"后三十七年，但书中细节并不都属于1954年），这让它既有卡夫卡式的魔幻，又是脚踏实地的现实主义——当然，也许生活正是如此，就像《时间的噪音》中想象在1936年，肖斯塔科维奇如何面对周围卡夫卡式的变化，这几乎成为了一种必要的人生技能，支撑着他一路活到1975年，秘诀就是"时不时地，脑子拒绝去相信发生的事情，这不可能"。

《排队》的开端是一个售货亭，没有人知道售货亭里卖些什么、什么时候开卖，但一条队伍奇异地形成了，因为人人都在渴望某种不确定的东西，一双散发微弱化学气味的透明丝袜，或者一小方瓶宝石红指甲油，再或者一块光滑的茉莉味香皂。

任何东西。任何东西似乎都意味着变化，虽然他们不敢承认自己需要变化，安娜（女主角，一个中学教师）在加入排队前不停自我暗示，自己过得很好，很安稳，从来没有挨过饿，冬天公寓有供暖，去年春天刚被评为区年度教师，奖了一卷红绸，虽然不是真的丝绸，但依然可以做成两个漂亮枕头放在床上。种种这些，种种慰藉。好像任何人在任何境况之下总可以找到一些慰藉，卫国战争之前肖斯塔科维奇就有私人汽车、司机和乡间别墅，他一辈子都有仆人，只要给当地电影院经理写个条子，他就能拿到免费电影票，他是斯大林七十周年诞辰委员会的成员，公认的俄罗斯最好的作曲家。

这些东西大概也有一点作用，就像安娜的假丝绸枕头，但"你无法用一张《真理报》覆盖住一片废墟"（布罗茨基语），安娜还是要面对生活中那些空荡荡的部分，她甚至无法给家人做一个蛋糕。肖斯塔科维奇？他有蛋糕，以及鱼子酱，香槟，上好的牛排，一些诸如此类的东西，但他很多年里都得替一大堆烂电影配乐，五十四岁时被迫入党。就是这样，你得到了一些东西，然后付出代价，有时候非常高昂，并且永远无法再抽身出去。

回到《排队》，那些"我过得很好"并不能消解渴望，人们渴望鲜花（第一次排队时是安娜的生日，她认为自己有权利得到一些惊喜，一些无用却让你快乐的东西），渴望真正的音乐和爱情（安娜的丈夫谢尔盖在乐队吹大号，每天演奏一些粗陋简单的曲调，他不再爱安娜，排队时被另外的女子吸引），渴望遥远荒凉的海岸，冰凉的浪花，高大的银树飒飒作响（安娜的儿子亚历山大是高中生，不想读大学，只想去远方），这些渴望看来只关乎生活，而非政治，但当政治成为一切的背景，一切又都和它有千丝万缕的联系。

售货亭将售卖瑟林斯基音乐会门票的消息渐渐传开之后，排队成为所有人的执念，他们都以为这场音乐会能改变一点什么，哪怕让人在一瞬间挣脱这窒息的生活，"但是，不管我们怎么对待时间，什么也不会改变，你理解吗？至少这里的一切不会改变"。

在故事之外，改变终究发生了。十八岁时，格鲁辛成为第一个去美国读大学的苏联学生，1991年苏联解体，她正好在莫斯科，接受采访时她说："我的母亲和我离开公寓去买东西，街道上一排爬行的坦克震惊了我们。有一段时间，甚至不能确定我是否能被允许返回美国接着我的大二学习。那段时间，我拿着笔记本和照相机在莫斯科游逛，站在路障上和行人交谈，看抗议者用铁锤砸克格勃总部门前费利克斯·捷尔任斯基的雕像。我看到人行道上的新鲜血液，我听到叶利钦对人群说话，我写下我看到和听到的一切。"

但在《排队》的当下，希望迟迟不来，苦死了等待的人。帕斯捷尔纳克死于1960年（正好是肖斯塔科维奇入党那年），死时孤独抑郁，死后当局逮捕了他的情人和女儿。肖斯塔科维奇则死于 1975 年，算是极尽哀荣，但生命渐渐会成为一种重负，《时间的噪音》中说肖斯塔科维奇在最后的岁月里，越来越多地在自己的弦乐四重奏里使用 morendo 这个标记："逐渐消失"、"就要逝去"，"他也是这么标记自己的生命。是的，很少有生命是在最强音和主大调中结束的。也没有人死得正是时候……活得超过你的最佳生存长度，超过那个临界点，之后生活再也无法带来快乐，相反，只有失望和可怕的事情发生。所以说，他活得太长了，长得足以让自己沮丧"。

在《排队》的最后，倒是没有人死去，可能和活下去比起来，死反而显得更为容易。音乐会被取消，每个人的梦想都落了空，安娜和谢尔盖为了排队双双失去工作，亚历山大没有考进大学，更不用说什么海岸和浪花，但奇迹般地，他们并没有被这件事击倒，无所事事的一年，破灭的希望，好像也并不能把破碎的生活再摧毁一次。售货亭前排队再次开始，因为"据说"又有著名画家的画展即将售票，再一次地，政治粉碎生活，艺术却提供希望，即使是虚幻的也没有关系。

3

斯特拉文斯基回苏联开音乐会是一件大事。他去国多年，早在革命前就流亡瑞士，再去巴黎，最后成为美国公民。斯特拉文斯基就像一个对照组的肖斯塔科维奇，同样天才，同样年少成名（斯特拉文斯基写《火鸟》时只有二十八岁，肖斯塔科维奇三十岁就写了四部交响曲），同样是"俄罗斯最好的作曲家"（好像谁都不应该加上"之一"），不同的是，当斯特拉文斯基定居好莱坞的时候，肖斯塔科维奇刚战战兢兢躲过了斯大林对歌剧《穆森斯克郡的麦克白夫人》的批评，他创作了《第五交响曲》作为屈服和回应，党似乎原谅了他，逐步解禁了他的作品，还让他在列宁格勒音乐学院获得教席，从那以后，肖斯塔科维奇再也没有遇到过真正的危险，与之交换的，他再也没有真正的自由。

在所罗门·伏尔科夫（Solomon Volkov）整理的肖斯塔科维奇口述《见证》（*Testimony*）中，他否认了《第五交响曲》是向权力的献媚，这部交响曲创作于1937年，正是大恐怖的高潮时期，又首次公演于列宁格勒，这个饱受政治之手翻云覆雨的城市，肖斯塔科维奇说："我绝不相信一个完全无知的人听《第五交响曲》会有什么感受，他们当然是理解的，理解周围发生的事，也理解《第五交响曲》表达了什么……那里面的欢欣是被逼出来的，是在威胁下制造出来的。"他认为法捷耶夫听出了这部音乐到底在讲述什么，所以后者才会在日记里写"《第五交响曲》的终曲是无可挽回的悲剧"。

肖斯塔科维奇喜欢《李尔王》，因为莎士比亚所写的其实是李尔的幻想破灭，"不，不是破灭。破灭总是突如其来的，然后就过去了，那不能形成悲剧，也引不起兴趣。但是，眼看着幻想慢慢地、逐渐地破碎——这就是另一回事了，这是痛苦的、令人心惊的过程"。他熟悉这种凌迟式的破碎过程，也早有知觉，在诸多苏联知识分子还处于伦理昏迷时，肖斯塔科维奇早已作出了自己的预言，创作于1935年至1936年的《第四交响曲》被认为是他情感最激烈的作品，首演前他自己决定取消演出，从此搁置了二十五年。1936年元首说生活将会变得更美好，肖斯塔科维奇却创作出了悲剧色彩浓厚的《第四交响曲》，而以强迫欢欣的《第五交响曲》终曲为序曲，起码在灵魂层面，肖斯塔科维奇不再是一个可以和斯特拉文斯基相提并论的艺术家。

斯特拉文斯基生活得挺难的（俄国革命后他被没收了财产和土地，刚到巴黎时因为经济困境，一直住在可可·香奈尔的市郊别墅里），但他毕竟是越狱成功的火鸟，一个典型的俄国流亡知识分子模板。肖斯塔科维奇则是另一种模板，严控下的成功，被党赐予的富庶，才华横溢的浮士德博士，对其生活最精确的描述可能来自几十年后米沃什的《被禁锢的头脑》："在那些年代，我感到自己是这样一个人，他有足够的自由活动空间，但身后仍拖着一条长链，这个链条总是把他钉在一个地方。"斯特拉文斯基可以在音乐中直抒胸臆，肖斯塔科维奇却只能借助种种反讽、掩藏与隐喻，《第七交响曲》被视为反法西斯巨作，在列宁格勒首演时因为战争的原因甚至找不到足够乐手，最终靠市民加入才得以完成演出，这一过程本身就像对希特勒竖起中指。肖斯塔科维奇戴着钢盔的侧影登上了1942年7月的《时代周刊》,当时他几乎是唯一可以被苏联和西方同时接受的形象,一个跨越意识形态壁垒的反法西斯旗帜。

但《见证》中肖斯塔科维奇认为,就像《第五交响曲》的终曲,《第七交响曲》并没有被人理解,他在二战之前就开始计划写作这部作品,"我在写作的时候,是在想着人类的敌人……希特勒是个罪魁,这是毫无疑问的,可是,斯大林也是……我对那些被希特勒所杀害的人怀有无尽的哀伤,可是对那些在斯大林的命令下被杀害的人们,我的哀伤并不因而减少。对每一位受折磨、被枪杀、因饥饿而死亡的人们,我都为之哀伤。远在希特勒开始屠杀之前,在我们的国家里,已经就有千万的生命被杀害了……"《第七交响曲》更合适的名字的确应当是《列宁格勒交响曲》(这是肖斯塔科维奇自己的题献),送给这座饱受暴政蹂躏的城市,不管蹂躏它的人是希特勒,还是斯大林。

这些隐秘的反抗却只能在事后被他人反复阐释,音乐不是文字,它的情感和话语隐藏得更深,最具讽刺性的大概是《第七交响曲》在1942年获得了斯大林奖一等奖,肖斯塔科维奇除了接受官方的荣誉(或者说强奸)还能做什么呢?活着的时候,他甚至无法为自己的作品辩解。二战之后,因为被批评过于政治化,《第七交响曲》在西方几十年里都没有获得什么演出机会。好像斯大林本人为《古拉格群岛》写了推荐语,或者希特勒热情洋溢赞美《安妮日记》,肖斯塔科维奇本想写出时代的噪音，却在种种阴差阳错之下，让自己成为了时代的主旋律，这是他一生的悲剧。

也许是因为这些吧，肖斯塔科维奇对斯特拉文斯基有一种复杂情感。他一直仰慕斯的音乐，芭蕾舞曲《彼得鲁什卡》在马林斯基剧院演出时，他几乎一场都没有错过，他把斯特拉文斯基的照片压在莫斯科公寓办公桌的玻璃板下面，在《见证》中，他一方面直言"在我们这个世界的作曲家中，只有斯特拉文斯基，我愿意毫无怀疑地称之为伟大"，"斯特拉文斯基可能是二十世纪最有才华的作曲家"，但他又略带轻蔑地说，斯特拉文斯基对答复记者的提问很拿手，因为他不说实话，"斯特拉文斯基和我完全是两种人。我感到很难和他交谈。我们来自不同的星球"。

这是当然的，铁幕的两边略等于两个星球。在1962年那次访苏之前，他们并没有见过面，但1949年，斯大林亲自给肖斯塔科维奇打电话，派他去纽约参加世界和平文化与科学会议，这次会议可能是肖斯塔科维奇的毕生噩梦，会上他作了两次发言，丝毫不让人意外，发言稿并不是他自己撰写，《时间的噪音》中详细描述了这一过程，仿佛被抽离魂魄的肖斯塔科维奇吃惊地听见"自己"正在批评斯特拉文斯基，称他加入了反动的现代音乐家门派，背叛了自己的祖国，切断了和人民之间的联系。道德的荒芜，创作的虚无主义。熟悉的话语体系，熟悉的攻击方式，"敌我"之间的势不两立。在差不多的时间里，郭沫若发表《斥反动文艺》，称沈从文为"粉红色作家"，"一直有意识地作为反动派而活着"，沈从文几乎被此击垮，自杀未遂，完全放弃小说创作，他也属于"时间的噪音"，不同的是，主旋律并没有接纳他的音符，到沈从文最后分到一套大房子的时候（按照部长级别解决工资和住房问题），他已经八十三岁，写不出任何东西。

但在纽约，被击垮的是肖斯塔科维奇，发言之后，他被音乐家纳博科夫（正是我们熟悉的那个纳博科夫的堂弟）当场质问，这些问题像连续击发的炮弹，轰打着他的灵魂、良知和可怜的自尊心。

"你个人是否赞同苏联媒体和苏联政府每天对西方音乐大量粗暴的谴责？"

"你个人是否赞同在苏联音乐厅禁演亨德米特、勋伯格和斯特拉文斯基的作品？"

"你个人是否赞同你今天在演讲中表达的对你自己音乐的看法，以及对斯特拉文斯基音乐的看法？"

"你个人是否赞同日丹诺夫部长对你和其他作曲家的音乐所表达的看法？"

日丹诺夫在三十年代曾是列宁格勒市委书记，从 1946 年开始，他负责制订和推行苏联的文化政策，那一年他发表了对阿赫玛托娃的著名评价，"不知是修女还是荡妇，更确切地说，是集淫荡与祷告于一身的荡妇兼修女"，至于阿赫玛托娃的诗，日丹诺夫说，那是"废品"。也正是他，亲手开展了1936年之后对肖斯塔科维奇的批判，但在此时此刻，在纽约，肖斯塔科维奇回答了上面的所有问题："是的，我个人赞同。"当头顶上同时有历史和斯大林的灼灼目光时，和以往一样，他选择了斯大林，历史毕竟不能让他即刻去死。

《见证》中肖斯塔科维奇没有过多谈论这次纽约之行，这是可以理解的，拒绝讨论意味着闪躲和否定，他只是略带自嘲地说："人们有时说这一次旅行一定很有趣，且看照片中我微笑的那样子。这是已经被定了罪的人的笑容。我感到自己像个死人。"

但死人一直活了下去，活到1962年，见到曾被他称为"反动音乐家"、如今却被赫鲁晓夫接见的斯特拉文斯基，两个"俄罗斯最好的作曲家"面面相觑，据说是斯特拉文斯基率先打破僵局："我猜你不喜欢普契尼？"

肖斯塔科维奇说："是的，我不喜欢普契尼。"*

后来有人解读，这句话隐含了音乐家之间的秘语和谅解，因为在普契尼的名作《图兰朵》中，答错公主问题的男人会被处死，就像1949年被纳博科夫逼到墙角的肖斯塔科维奇，斯特拉文斯基婉转地表示，他知道发生了什么，也知道

---

* 《时间的噪音》中对于这次会面用的是另一个版本，即肖斯塔科维奇询问斯特拉文斯基对普契尼的看法，斯说"我讨厌他"，肖说"我也是"。

这一切为何发生。也许真是如此吧,就像他的"第五"或者"第七",曲曲折折地想留下灵魂仅有的印记,但曲折本身意味着屈服,肖斯塔科维奇的生命还有十三年,一个接一个的morendo,在余下的岁月里,他只会感到自己越来越像个死人,正在逝去。

4

《见证》出版于1979年,据说是肖斯塔科维奇1971年至1972年的口述,伏尔科夫也是《布罗茨基谈话录》的作者,1976年他移民美国,随后出版了这本书,肖斯塔科维奇则死于1975年,他活了六十九岁,不算长寿,不知为什么,却总让人觉得实在太长了。他死在莫斯科,直到死,肖斯塔科维奇都处于莫斯科的控制之下,这让《见证》中他那些让人讶异的勇敢话语,更显得不可思议。

出版四十年,《见证》从未能摆脱争议,肖斯塔科维奇的第三任妻子伊莉娜(Irina Shostakovich)曾回忆:"(肖斯塔科维奇和伏尔科夫)一共有三次会谈,每次的时间两个小时到两个半小时,不会再长了,因为肖斯塔科维奇厌倦长时间的谈天,对谈话失去兴趣。"这不到十个小时的谈话显然撑不起一本四百页的厚书,也一直有研究者指出,伏尔科夫使用了肖斯塔科维奇早先发表过的文字,有些地方甚至一字不改,但巴恩斯还是认为书中的肖斯塔科维奇有很大的真实性，因此将之作为《时间的噪音》最重要的资料来源之一。无论如何，这本书准确而详尽地写出了极权之下天才艺术家的悲剧，而悲剧的来源正如伏尔科夫在引言中说："二十年代后期，真正的艺术家们与苏维埃政府间的蜜月过去了。权力终于使出了它一贯的、必然的行径：它要求屈从。要想得到青睐和任用，要想平静地生活，就必须套上国家的笼套听任驱策。"肖斯塔科维奇戴上笼套，渴求平静，但平静既来自外部，也发于内心，和自由一样，这是他毕生未能获得的东西，或者说，当自由作为交换的筹码时，平静更是他不可能获得的东西，这大概就是哈耶克在《通往奴役之路》里对富兰克林的引用："那些愿意放弃基本自由来换得少许暂时保障的人，既不配得到自由，也不配得到保障。"

伏尔科夫和布罗茨基对话时，说他想不通为什么1973年肖斯塔科维奇要在《真理报》上签下反对萨哈罗夫的信件（几年之前，肖斯塔科维奇还曾在针对索尔仁尼琴的公开信上签名），因为这已经不是随随便便会丢脑袋的年代了，当局已经不能给他带来什么特别的损失，布罗茨基则说，我们讨论的这个悲剧就是如此，"房顶业已不复存在，炉子却仍然兀立"。

这也没什么奇怪的，炉子立在习惯了房顶的心里，人心却不可以，习惯于低头的人，会把头低得更低，普通人如是，天才亦如是。在《见证》的最后，肖斯塔科维奇说，"我强迫自己继续回忆,即使有些往事不堪回首……我想这方面的经历或许能对比我年轻的人有些用处。也许他们不会像我这样不得不面对可怕的幻灭,也许他们对待生活会比我更有准备、更坚强。也许他们的生活会摆脱使我的生命蒙上灰色的辛酸",毕其一生,他是一个哑掉了的噪音,音符也许一直写在纸上,他却并没有勇气弹起,但他希望年轻人不要这样,他希望我们,不要这样。

**参考书目**

[英] 朱利安·巴恩斯著,严蓓雯译:《时间的噪音》,译林出版社,2018年。
[俄] 季米特里·肖斯塔科维奇口述,所罗门·伏尔科夫整理,叶琼芳译:《见证:肖斯塔科维奇回忆录》,作家出版社,2015年。
[美] 奥尔加·格鲁辛著,翁海贞译:《排队》,漓江出版社,2016年。
[俄] 陀思妥耶夫斯基著,南江译:《群魔》,人民文学出版社,2011年。
[英] 以赛亚·伯林著,潘永强、刘北成译:《苏联的心灵》,译林出版社,2010年。

代后记
# 读书：孤独及其所创造的

有一年的世界读书日，编辑问我能不能写一点什么，但我不喜欢这个概念，所有万众一心同仇敌忾的事情总是让我害怕，不管是万众一心闹革命，还是万众一心读经典。当然这是我想多了，读书这件事就算写进刑法，如果起刑不是十年以上，大概也做不到那样万众一心。几年前我读奥兹的《故事开始了》(*The Story Begins*)，结尾是："我的邮箱里每天都塞满了请我出席各种会议和座谈会的邀请函，请我在会上讲'阿以冲突在文学中的形象'或'民族在小说里的反映'或者'文学作为反映社会的镜子'之类的题目。但是，你如果想要的只是照照镜子，那干吗还要读书呢？"我一个人在空荡荡房间里笑出声，然后放下书，去照了照镜子。镜子里的人读了二十几年书，能背不少唐诗宋词、保罗·策兰、茨维塔耶娃，诸如此类的东西,因为老熬夜看言情小说,黑眼圈很重。

大学毕业后有一段时间我过得不好，总是通宵睡不着觉，那时我是个法律记者，在似睡非睡中挣扎一晚后，早上七点就要起床去法院听庭审，我每天都在楼下711便利店买好叉烧包和豆浆，然后坐在公交车最后一排，拿出一本书，沿途一个小时，经过那些渐次开门的小店，公交站台上满脸倦意的人，清洁女工拿着一把巨大的扫把走过广州街头，好像随时随地准备坐上去打一场魁地奇世界杯。我偶尔抬头看看他们，更多时候，我觉得这个世界和我并无关系，所以又低下头去。那条路总是太短，当我被迫要合上书本，走进现实世界的任何一个局部，唯一的感觉只是惶恐压抑。我不喜欢我自己，但我还是喜欢读书，这件事在黑暗中紧紧拉住了我，让我没有坠入到更黑暗无边的地方去。几年后我读到那本夏尔·丹齐格（Charles Dantzig）的《为什么读书：毫无用处的万能文学手册》，书写得一般，只是封面上那句"书是一棵钻出坟墓的大树"突然把我击倒。是的，当生活宛如坟墓之时，还是有这么一棵大树，夏日开白花，秋天结青果，在一切都冷冰冰的漫长冬天，它留着枝桠，等待来年。

后来我到了北京，从坟墓里渐渐走出来，发现马路中间的隔离带上开满粉红粉黄的蔷薇花，地铁口的铁板鱿鱼可以加大量蒜蓉辣酱，通州家乐福里能买到新鲜兔子肉，读书不再像过去几年那样，承担我整个生命的重负。我还是需要早起工作，八通线和1号线上永远没有座位，如果早早占据了车厢交界处那个位置，我就可以拿出一本书。坐地铁难免有边上的人刚吃了韭菜盒子而且大声打嗝或者在四惠东站被人一脚踹进1号线的时刻，往返一趟三个小时自然让人感觉劫后余生，但大多数时候，我依然喜欢北京地铁，站在哐当哐当的车厢交界处读书，边上有人扯着嗓子打电话，报站广播拨开重重噪音尖利地提醒你Yong He Gong Lama Temple Station（雍和宫站）到了，我喜欢这个世界真吵，也喜欢我的世界真静。

我还是孤独，一个人住在通州一个荒凉的小产权房里，房租每个月七百五（一年后买房的直接原因是房东悍然涨到九百），房间不通燃气，一周有三天都在吃电饭煲做的香肠煲仔饭，吃完之后站在阳台上大声唱歌给自己听，保留曲目是《北京的冬天》以及《想把我唱给你听》，唱完之后吃一个大果粒酸奶，我总把盖上的那一点也吃得干干净净。后来春天真的来了，我就去楼下散散步，在垃圾桶和垃圾桶之间盘旋，在苍蝇和苍蝇之间沉思，对着小区里仅有的几棵草做出伤春状，好像死不承认春天是如此美丽。

当孤独变得不可承受的时候，我就转两次公交车去蓝旗营的万圣书园，买几本完全可以在网上买到的书回家。731一直走三环，然后转846，公交车上我不再一直低着头，窗外烤串摊子上孜然粉和辣椒面的味道传那么远，我一路回头，想看清楚烤炉上有没有羊腰子。以前我拿着一本书站在世界的对面，我们中间隔着长河，我时刻小心，不要掉下去被孤独淹死；现在我还是拿着一本书，但是我和这个世界坐在同一边，我们心平气和，一起看眼前时光不停，河水汤汤。后来我读哈罗德·布鲁姆的《如何读，为什么读》(*How to Read and Why*)，黄灿然的译本，谈到为什么读书时，哈罗德·布鲁姆说，是因为"孤独和自我"，"除非你变成自己，否则你又怎会有益于别人呢？"我不住点头，原来我是慢慢变成了自己，在时间和书本的长河里，河边空无一人。

再后来，我在这个城市里渐渐有了新的朋友，我结了婚，每晚睡前我们各自拿住一本书靠在床头，再谈及孤独好像是一件害羞矫情的事情，但读书和孤独永远相关，以前我读书逃离孤独，现在我读书进入孤独。2012年的夏天，为了去布鲁克林文学节见到保罗·奥斯特（Paul Auster），我把他那本《孤独及其所创造的》(*The Invention of Solitude*)重读了一遍，书留在了国内，我读的是网上下载的盗版电子书："孤独，但不是指孤身一人那种状况，例如，不像梭罗为了寻找自身的位置而把自己放逐；也不是约拿在鲸鱼腹中祈祷获救时的那种孤独。而是退隐意义上的孤独。是不必看见自己，是不必看见自己为他人所见。"那是我在纽约的第一个月，这么多年来第一次看不到纸质中文书，我坐在从皇后区到曼哈顿的地铁R线上，身边明明有人，我却突然进入了那本书，保罗·奥斯特的孤独，我的孤独，不要害羞，不要逃避，要勇敢承认这种孤独。

又过了一段时间，我去了法拉盛图书馆，坐在一堆看《世界日报》的老头子中间，我激动地打开一本老早之前的《读书》，看到赵越胜写的《音乐书简》，那一篇是朱晓玫，当中引用卡夫卡："我们没有必要飞到太阳中心去，然而我们要在地球上爬着找到一块清洁的地方，有时阳光会照耀那块地方，我们便可得一丝温暖。"那天晚上回去我又听了朱晓玫弹《哥德堡变奏曲》，她穿着一件土土的绛红色毛衣，戴同色系围巾，一言不发弹下去，当她闭上双眼，谁能说世界不是在她的指下。朱晓玫好像一直独身，在巴黎见过她的朋友，忍不住被她的孤独震惊，但是音乐给了她那块清洁的地方，就像读书给我的一样，它所创造的一切，让我的心就像佩索阿那本书名，略大于整个宇宙。

本文写于 2013 年

图书在版编目（CIP）数据

死于昨日世界 / 李静睿著 . —上海：上海三联书店，2018.8
ISBN 978-7-5426-6445-7

Ⅰ . ①死… Ⅱ . ①李… Ⅲ . ①书评—中国—现代—选集
Ⅳ . ① G236

中国版本图书馆 CIP 数据核字 (2018) 第 189730 号

# 死于昨日世界

李静睿 著

责任编辑 / 殷亚平
特邀编辑 / 张旖旎　罗丹妮
装帧设计 / 苗　倩
内文制作 / 苗　倩　陈基胜
监　　制 / 姚　军
责任校对 / 张大伟

出版发行 / 上海三联书店
　　　　　（200030）上海市徐汇区漕溪北路331号
邮购电话 / 021-22895557
印　　刷 / 山东鸿君杰文化发展有限公司
版　　次 / 2019 年 1 月第 1 版
印　　次 / 2019 年 1 月第 1 次印刷
开　　本 / 1165mm × 880mm　1/32
字　　数 / 170千字
印　　张 / 8.875
书　　号 / ISBN 978-7-5426-6445-7/G.1504
定　　价 / 52.00元

如发现印装质量问题，影响阅读，请与印刷厂联系调换。